校長教頭試験・超研究

合格できる論文術

西村佐二 著

ぎょうせい

はじめに

　「これからの教育管理職に期待されるものは、教育者の視点、経営者の感覚、優れた人間としての魅力を持って、子どもたちの将来や教育のあるべき姿を明確に展望し、組織として実践する豊かな識見と旺盛な行動力」であり、「現状を変えようとする強い意欲と的確な判断力、そして、力強いリーダーシップや指導力である」とは、管理職選考にあたってのある教育委員会人事担当者のコメントである。こうしたよき学校管理職を得たいという願いは、大きな教育の転換期を迎えている今日、いずれの教育委員会にとっても喫緊の関心事である。そのことは、出題される論文選考の設問課題に如実に表れている。

　本書は、こうしたことを踏まえ、各都道府県等での学校管理職選考で出題された論文課題をもとに、＜今、管理職に求められている資質と能力＞＜管理職試験で何が問われるか——確認しておきたい基礎・基本＞を明らかにするとともに、実際に出題された過去の問題や想定される問題を45本に精選し、＜テーマを捉える＞＜論文の構成立てをする＞＜模範解答＞の３段階で論文作成の実際を示したものである。

　管理職選考論文の勉強は、管理職試験に合格するための単なる技術の勉強ではなく、管理職としての資質・能力を高め、鍛えるものである。ぜひ、本書を参考によりよい学校管理職を目指されることを期待したい。

　終わりに、本書は、ぎょうせいの教育誌『悠⁺（はるかプラス）』に連載してきたものをベースに加除修正を加えたものであるが、本書作成にあたって、ご尽力いただいた、ぎょうせい『悠⁺』編集部の方々に深甚の感謝を申し上げる。

　　平成23年4月

　　　　　　　　　　　　　　　　　　　　　　　　　西村佐二

目　次

第1章　今、管理職に求められる資質と能力

Ⅰ　学校の浮沈は、学校管理職の力量いかんにかかっている────2
Ⅱ　管理職としての自覚、想像力、そして経営の継続性を────3
Ⅲ　学校管理職に求められる五つの力量────5
　1　今日的課題を的確に踏まえた学校経営力────6
　2　教職員を育て生かす組織マネジメント力────8
　3　創意工夫ある教育課程編成力────9
　4　安全・安心・安定した学校を見据えた危機管理力────10
　5　教職員、保護者、地域の人々から信頼され、尊敬される「人間力」────11

第2章　管理職試験で何が問われるか
──確認しておきたい基礎・基本

Ⅰ　なぜ選考試験に論文が課せられるのか────16
Ⅱ　管理職選考論文課題に見る今日の教育課題────18
　1　学校経営────18
　　(1)　教育基本法の改正────18
　　(2)　教育振興基本計画────20
　　(3)　生きる力────21
　　(4)　新たな教員評価────22
　　(5)　新たな「職」の配置────23
　　(6)　学校評価────25

(7)　学校種間の接続 ———————————————— 26
　　(8)　特別支援教育 ————————————————— 27
　2　教育課程 ———————————————————— 28
　　(1)　確かな学力の育成 —————————————— 28
　　(2)　知識・技能の習得と思考力・判断力・表現力等の育成 — 29
　　(3)　心の教育 —————————————————— 30
　3　教師の資質能力の向上 —————————————— 31
　　(1)　教師の資質能力の向上 ———————————— 31
　　(2)　教職員の健康管理 —————————————— 33
　　(3)　教職員の不祥事防止 ————————————— 34
　4　児童生徒 ———————————————————— 36
　　(1)　いじめ根絶 ————————————————— 36
　　(2)　児童生徒の安全確保 ————————————— 37
　5　保護者・地域 —————————————————— 38
　　(1)　信頼される学校づくり ———————————— 38
　　(2)　保護者、地域との連携協力体制の確立 ————— 39

第3章　論文記述力をどう高めるか

Ⅰ　書く内容を蓄積し、自らの考えを膨らませる ——————— 44
　1　教育に関わる答申や通知、通達、法令等の理解に努める — 44
　2　教育課題等に対する意見や考えを見聞する機会を多く持つ — 45
　3　日々の教育活動や児童生徒の実態把握に努める ———— 45
Ⅱ　論述力を鍛える ———————————————————— 47
　1　教育に関わる社説や論説を通して論述の仕方を学ぶ —— 48
　2　想定した課題を実際に書き、他者に評価してもらう —— 48
　　(1)　課題を的確に把握し、課題に正対する ————— 48

(2)　文章全体の構成を整え、論旨を一貫させる ――― 49
　(3)　具体的、実践的な方策を述べる ――― 51
　(4)　立場を明確にして述べる ――― 52
　(5)　丁寧に、誤字脱字に気をつけ読みやすく書く ――― 53

第4章　これで万全！論文過去問・想定問題45

●学校経営
　1　教育基本法改正を踏まえた学校経営方針の策定 ――― 58
　2　教育振興基本計画の具現化を図る ――― 62
　3　校長の職務を踏まえた学校経営ビジョン ――― 66
　4　特色ある学校づくりと学校経営 ――― 70
　5　組織を生かした学校経営 ――― 74
　6　各学校の責任と現場主義の重視 ――― 78
　7　学校評価ガイドラインの改訂と信頼される学校づくり ――― 82
　8　学校危機管理体制の確立 ――― 86
　9　小学校と中学校との連携 ――― 90
　10　特別支援教育の校内体制づくり ――― 94
　11　信頼される学校づくり ――― 98

●教育課程
　12　確かな学力を身に付けさせるための基本戦略 ――― 102
　13　体験活動の積極的推進 ――― 106
　14　知識・技能の習得と思考力・判断力・表現力等の育成 ――― 110
　15　言語活動を重視した教育課程の編成・実施 ――― 114
　16　活用力育成を重視した学力向上策 ――― 118
　17　学習意欲の向上と学習習慣の確立 ――― 122
　18　"生き方指導"としてのキャリア教育 ――― 126

19	ICT教育の推進	130
20	少人数・習熟度別指導の実施	134
21	理数教育の充実方策	138
22	小学校での外国語活動の取組み	142
23	道徳教育の充実方策	146
24	体力・運動能力の向上	150
25	伝統文化の尊重と国際理解教育の推進	154
26	「生きる力」の育成と食育	158

●教師の資質向上

27	教師力を向上させるリーダーシップ	162
28	教師の意識改革	166
29	教師の資質・能力の育成に生かす教員評価	170
30	教職員の不祥事根絶に向けた学校管理職のリーダーシップ	174
31	新たな主幹制度導入による学校運営の活性化	178
32	若手教師の資質の向上	182
33	教職員の健康管理	186
34	「教師の品格」の維持とリーダーシップ	190
35	指導力不足教員を生まない教師集団のスキルアップ	194
36	個人情報の適切な管理	198

●児童生徒

37	心の教育の充実方策	202
38	不登校児童生徒を出さない学校指導体制	206
39	いじめをしない・させないための校内指導体制の確立	210
40	ネットいじめの対応策	214
41	ICTを生かす情報モラル教育の充実	218

●保護者・地域

| 42 | 開かれた学校づくり | 222 |

	43	家庭・地域と連携した学習環境づくり	226
	44	保護者からの苦情等への対応	230
	45	学校支援地域本部事業の実施	234

第5章　最終チェック！面接で問われる基礎知識

- Ⅰ　面接のための基礎知識 ————————————————————— 240
- Ⅱ　面接で何が問われるか ————————————————————— 251
  - 1　身上書等提出書類から ——————————————————— 251
  - 2　現任校の実態から ————————————————————— 252
  - 3　職務から ————————————————————————— 253
  - 4　学校の経営・管理の側面から ———————————————— 254
  - 5　学習指導 ————————————————————————— 255
  - 6　児童生徒 ————————————————————————— 257
- Ⅲ　面接の実際 —————————————————————————— 258
  - 1　面接試験はなぜ行われるのか ———————————————— 258
  - 2　面接試験の実際 —————————————————————— 259
  - 3　面接試験に向けての準備 —————————————————— 260
  - 4　面接試験を受けるにあたっての留意点 ———————————— 261

Column　合格への近道——採点者の着眼点

- ●課題に対応した論を展開する ——————————————————— 14
- ●立場を明確にして論述しているか ————————————————— 14
- ●国や県等の教育施策や動向を常に意識し、理解に努めているか —— 41
- ●抽象的な概念や言葉を、いかに自分の言葉で具体化できるか —— 42
- ●校長としての学校経営に、具体的ビジョンを持っているか ———— 42

- ●管理職試験の実際————————————————————56
- ●現任校の実態を踏まえた具体的方策が述べられているか————238
- ●出題の意図を捉え、論に反映させているか————————238

第1章

今、管理職に求められる資質と能力

今、管理職に求められる資質と能力

I 学校の浮沈は、
　　学校管理職の力量いかんにかかっている

　これまで校内研究も低調で、何の特色もないように見えた学校が、ある時を境に、学校全体に活気がみなぎり、特色ある教育研究校として見事に変身したことがある。また、荒れていることで有名だった学校が、教職員はもちろん、保護者、地域の人々が動き、立派に立ち直った例もある。

　しかしその反対に、今まで研究熱心で、子どもたちも明るく生き生きと活動し、地域の誇りであった学校が、研究発表もしなくなり、どうということのない普通の学校になってしまった例もあるし、地域の名門校と言われた学校が、ある教員の不祥事や子どもたちのトラブルで評判を落とし、その後、低迷を続けている例もある。

　こうした学校の浮沈は、どうして起こるのであろうか。

　その直接的な原因はどうあれ、その背後に、その学校の責任者である学校管理職の力量、経営力が大きく関与していることはまず間違いのないところである。

　学校や地域の実態、状況の変化を的確に把握、判断し、スピーディーに適切な意思決定ができるかどうか、あるいは、進むべき方向を明らかにし、教職員の動機付けを図ることで、全体のベクトルを一方向に収斂させる指導力があるかどうか、さらには、教職員はもとより保護者、地域及び教育委員会に向けて、自ら思うところを積極的に明らかにする意欲と能力をもち、それを実行に移すことで共感を得ることができる表現力や行動力があるかどうかなど、経営者としての学校管理職の力量が学

校をよくもし悪くもするのである。すなわち、「学校の浮沈は、学校管理職の力量いかんにかかっている」といっても間違いはないのである。

そのことは、以下の調査研究でも明らかである。

校長として特に必要として感じている力量は何か、を現職の校長に尋ねた調査がある。その結果によれば、①学校の危機管理としての「危機に対する対応」(64.0％)、②校長としての「使命感」(56.0％)、②教育目標・計画の設定にかかわる「ビジョンの提示」(56.0％)、④「児童生徒の健康・安全管理」(52.7％)、⑤「教育に関する理念や価値観」(52.3％)、⑥「教職員の効率的配置」(44.0％) と続いている（「学校の管理職の力量とその形成に関する研究」スクールリーダーの資質・力量に関する研究会〈代表・小島弘道筑波大学教授〉より）。

この調査結果から明らかなように、各校長が、管理職としての使命感をもち、教育に関する理念や価値観を明確に打ち出すとともに、所属職員を適切に組織化し、危機が訪れたとき迅速かつ的確な対応をするという力量をもつことが、学校をよりよく充実したものにするために必要なことなのであり、その力量形成への意欲、及びリーダーシップの有無が、学校をよく変えるか悪くするかの指標なのである。

Ⅱ 管理職としての自覚、想像力、そして経営の継続性を

そうした学校管理職になろうとしている人たちに是非、意識しておいてほしいこと、原点として持っておいてほしいことがある。それは、まず、自ら学校のリーダーとなることへの強い自覚であり、次に、他者に思いを馳せることができる想像力であり、さらに、自らの学校経営は、これまで学校を築いてこられた歴代学校管理職の学校経営を基盤に、それを継続、発展させるところにあるという姿勢である。

ここでいう、他者に思いを馳せるとは、自ら関わる教職員や子どもた

ちのことについてはもちろん、そうではない学校の教職員や子どもたちの予期できないような重篤な事件や事故についても、その状況等をしっかり見つめ、当事者の対応にまで思いを致し、自らの問題として考えることができる想像力のことであり、また、経営の継続性とは、これまで多くの先達によって築かれてきた歴史と伝統、校風の継続性を自らの学校経営の基盤に置くという謙虚な姿勢のことである。そして、これらのことを踏まえ、何よりも重要なことは、自ら目指そうとしている学校管理職に対する確固たる姿勢、使命感、そして強い自覚である。

　かつて、湾岸戦争を指揮し、ブッシュ政権の国務長官であったコリン・パウエル氏は、その自伝の中で、「リーダーシップとは、身分でもなく、特典でもなく、肩書きでもなく、カネとも関係ない。それは責任能力である」と述べているが、まさに、一校を預かるリーダーとしての学校管理職は、自校の教育課程の編成・実施をはじめ、子どもたちの安全・安心や教職員の教育指導や服務等、その職務の全てについて、その最終的責任は自己に帰すのであり、学校管理職になるというのは、そのことへの自覚、覚悟が必要であるということなのである。

　が、近年、その「責任」という点について、やや、希薄になっているのではないかと危惧する事例を、時折見聞きする。

　例えば、学力調査の結果が芳しくない、授業が成立せず、学級経営が困難な学級がある、校長不在の折の学校事故が起こったなど、当然、校長としての責任が問われる局面で、その場だけの対応に終始したり、当事者の問題に矮小化したりする学校管理職がいるようである。

　確かに、学校の自主性・自律性の確立が求められ、学校の自己点検、自己評価の実施と公開、保護者等の学校関係者評価の実施、新たな教員評価の実施、さらには、教育の地方分権化に関わる各地方独自の教育改革の実施など、これまでと異なり、学校管理職の職務が多岐にわたり、その都度、学校と学校管理職が評価される状況の中で、全ての責任は学

校管理職にあるというのは酷かもしれない。
　しかし、そうであっても、一校を預かっているのは管理職であり、他に責任をとる職はないのであってみれば、最終的には管理職が責任をとらなければならないのである。
　これから学校管理職になり、学校経営に携わろうとする人たちは、まず、そうした学校管理職としての強い責任感と自覚を持ってほしいと考える。

Ⅲ　学校管理職に求められる五つの力量

　では、そのような管理職であるためには、どのような力量を有していなければならないのだろうか。
　そのことを端的に示すのが論文試験における出題課題である。論文選考とは、出題課題に対する受験者の論述を通して、当該教育委員会が求めようとしている管理職としての資質能力があるかどうかを見極めようとするものであり、そうした意味では、出題課題に、当該教育委員会の学校教育に対する喫緊の最も重要な課題意識が表れていると考えられる。そこで、これまで出されてきた論文課題をもとに、これからの学校管理職に求められる力量は何かを考えてみると、次の五つにまとめられよう。
　①　今日的課題を的確に踏まえた学校経営力を有しているか
　②　教職員を育て生かす組織マネジメント力があるか
　③　創意工夫ある教育課程を編成する力量を有しているか
　④　安全・安心・安定した学校を見据えた危機管理の力があるか
　⑤　教職員、保護者、地域の人々から信頼され、尊敬される人間的魅力＝「人間力」を有しているか
　以下、それぞれについて考えてみる。

1　今日的課題を的確に踏まえた学校経営力

　平成17年10月に出された中央教育審議会答申「新しい時代の義務教育を創造する」の中では、学校の教育力（「学校力」）を強化し、教師の力量（「教師力」）を強化し、それを通じて、子どもたちの「人間力」の豊かな育成を図ることが国家的改革の目標であると述べられています。この答申に掲げられている目標を踏まえ、校長として、学校の教育力を高めるためにどのように取り組んでいくか。次の三つの観点にそって、校長として中長期の構想を示すとともに、そのことを具現化していくための方策についてあなたの考えを述べよ。

(1)　「人間力」の豊かな育成を目指し、子どもたちにどのような力をつけていくか。

(2)　団塊の世代が大量に退職していく中、経験豊かな教員が持つ指導力等をどのように継承し、今後大量に採用される初任者をはじめとする教職経験の少ない教員の力量（「教師力」）の強化をどのように図っていくか。

(3)　文部科学省は、平成18年3月に「義務教育諸学校における学校評価ガイドライン」を公表した。このガイドラインの趣旨を踏まえるとともに、現在取り組まれている学校教育自己診断や学校協議会・学校評議員をさらに活用する中で、学校改善をどのように図り、「学校力」をどのように強化していくか。

（平成18年度　大阪府小・中学校長）

　この大阪府小・中校長の選考問題のように、国をはじめ、各都道府県の様々な教育改革、教育施策に対する対応を問う課題が数多く出題されている。そこでは、単に、それらの教育課題への理解を問うのではなく、それらの課題を自らの課題として捉え、自らの学校経営にどう具体化す

るかを問うている。即ち、教育施策を主体的に受け止めることができるかどうか、また、課題を自らの経営ビジョンの中に組み込み、具体化、実践化する力を有しているかどうかを見ようとしているのである。

したがって、今日求められている学校管理職としての資質・能力の一つは、課題把握力、経営ビジョン構築力、自校の実態を踏まえた実践力であるということがいえよう。

こうした力量を形成するためには、常に、国をはじめ、自ら所属する県や市区町村の教育の施策や動向に強い関心を持つとともに、そのことに対しての自らの考えを持つことが大切である。その際、現任校でそれを具体化する場合、何が課題となり、どんなことに留意すべきかをシミュレーションするなど、自らの課題に転化しておくよう心がけることが必要である。

また、日頃から、学校管理職になった場合、どのような学校の「かたち」を創り上げるか、目指すべき「学校像」を想定しておくことも重要である。学校経営は、目指すべき「学校像」を高く掲げて、教職員をはじめ、子どもたちや保護者、地域の人々に示し、共有化することから始まるからである。

さらに、常に現任校の教職員や子どもたち、保護者や地域の実態を把握するよう努めることも必要である。

足繁く学校を巡回し、子どもたちの様子やその言動に直に触れることで、喜びや悩みを察知したり、教室を巡回し、教室の雰囲気を感じることで、教師の指導力や子どもたちの学習への意欲、さらには、子どもたちの人間関係などを察知する直感力は学校管理職として重要な力である。こうした本質の洞察が、学校経営ビジョンを確かなものとするのである。

2　教職員を育て生かす組織マネジメント力

> 今日、学校の教育力を一層高めていくためには、明確なビジョンを持って組織の活性化を図っていくことが大切です。あなたは、校長として、このことをどのように考え、学校経営にあたるか、具体的に述べなさい。
> 　　　　　　　　　　　　　　　（平成18年度　札幌市校長）

> 勤務意欲に欠けていたり指導が不適切だったりする教員がいることが問題になっていることから、各学校では、教職員の資質能力の向上に向けた取組みが具体化してきています。あなたの学校での資質能力の向上に向けた取組みにおける成果と課題は何ですか。また、この取組みにおいて何を大事にして取り組んできましたか。具体的に書きなさい。
> 　　　　　　　　　　　　　（平成18年度　新潟県小・中学校長）

「教育は人なり」といわれる。人が人とが関わり合うことによって成立する教育という営みは、究極のところ「教師」に帰する。

学校には、教育職員をはじめ、多くの職員がおり、どの職種も重要な役割を果たしているが、とりわけ、教育の場である学校において「教師」は数的にも役割的にも大きな位置を占める。したがって、校長として、この教育職員の資質向上と校務分掌としての教職員組織の活性化をどう図るかが大きく問われることになる。

ここにあげた教職員組織の活性化、教職員の資質向上に向けた取組みを問う課題はこれまでも多く出題されており、この傾向は今後とも続くと考えられる。とりわけ、学校教育法等の一部改正（平成19年）によって、学校に「副校長、主幹教諭、指導教諭〈略〉を置くことができる」

ようになったが、このことは、校長、教頭の管理職以外は全てフラット、同格といった、いわゆる「鍋ぶた型」組織と揶揄されてきたこれまでの学校組織を、組織的・機能的な学校組織へと大きな転換を迫るものであり、その意義を十全なものにするためにも学校管理職の組織マネジメント力が求められる。そうした意味からも、日頃から、現任校の教職員組織の実態や課題、その課題解決に向けた方策などを考えておくことが重要である。

3　創意工夫ある教育課程編成力

> 　児童生徒にとって学校生活の中心は授業であり、授業の充実が学校生活の満足感を高めることになると考えられます。また、基礎・基本の定着や学力の向上を図るうえでも、授業の充実は不可欠です。学力低下が指摘されるなか、校長として学校教育の根幹である授業の改善について、教職員をどのように指導し、「わかる授業」を展開していくか、考えを具体的に述べなさい。
> 　　　　　　　　　　　　　　（平成18年度　島根県小・中学校長）

> 　今、自主的・自律的な学校運営の推進が求められています。教育課程の編成・実施にあたって、教頭としてどのようなことに留意しますか。これまで勤務した学校での経験を踏まえて述べなさい。
> 　　　　　　　　　　　　（平成18年度　宮城県仙台市小・中学校教頭）

　いうまでもなく教育課程とは、「学校教育の目的や目標を達成するために、教育の内容を児童の心身の発達に応じ、授業時数との関連において、総合的に組織した学校の教育計画」である。すなわち、教育課程とは、学校の存在目的そのものであり、学校の中心的な役割を果たすもの

である。その意味では、この教育課程編成力は、学校管理職にとって経営の中核に位置付くものである。したがって、学校の教育課程編成に対する課題は、今後とも繰り返し問われることとなる。

とりわけ、現在、学習指導要領が改訂され、「確かな学力」を育成するための教育課程の編成・実施は、管理職にとって、喫緊の最も重要な課題である。そのためにも、現任校における新しい教育課程の編成・実施状況、「確かな学力」形成に向けた取組みについて検証していく姿勢が重要である。具体的には、学習指導要領改訂の基本的な考え方として示された、①改正教育基本法等を踏まえた学習指導要領改訂、②「生きる力」という理念の共有、③基礎的・基本的な知識・技能の習得、④思考力・判断力・表現力等の育成、⑤確かな学力を確立するために必要な時間の確保、⑥学習意欲の向上や学習習慣の確立、⑦豊かな心や健やかな体の育成のための指導の充実、について、現任校の実態を踏まえつつ、どう具体化していくか考えておくことが必要である。

4 安全・安心・安定した学校を見据えた危機管理力

> 児童（生徒）の保護者から、「不審者に関する情報を迅速に正確に知りたい」という要望がありました。教頭としてどのようなことに留意しますか。
> 　　　　　　　　　　　　　　（平成18年度　宮城県仙台市小・中学校教頭）

> 幼児・児童生徒の安全指導・安全管理など学校の危機管理のあり方が強く問われています。あなたは、校長として、危機管理のあり方をどう捉え、取り組んでいきますか。具体的に述べなさい。
> 　　　　　　　　　　　　　　（平成18年度　沖縄県特殊教育諸学校長）

> 保護者から、「自分の娘が学級担任にセクシュアル・ハラスメントを受けた」との連絡がありました。教頭としてどのように対応するか、具体的に述べなさい。
> （平成18年度　広島県小・中学校教頭）

　今、学校では、いじめ問題をはじめ、校内暴力、保護者と学校、教師間のトラブル、あるいは、登下校中の事故や不審者問題など、様々な危機が潜在的、顕在的に存在する。学校にいる時間の大半をこうしたトラブルへの対応に割かざるを得ないという管理職がいるほど、管理職の危機管理マネジメントがこれほど強く要請される時代はこれまでなかったのではないかと思われる。そうした意味では、こうした管理職の危機管理能力についての認識、実践力を問う課題は今後も増え続けるものと思われる。

　とりわけ、中教審答申「子どもの心身の健康を守り、安全・安心を確保するために学校全体としての取組を進めるための方策について」（平成20年1月）を受け、50年ぶりに学校保健法が学校保健安全法と改正されたが、この改正は、近年の児童生徒が被害に遭う重篤な事件・事故等の多発に伴い、そうした事件・事故の未然防止と児童生徒の安全確保について新たに示されたものである。学校安全計画の策定、学校環境の安全確保、危機管理マニュアルの作成、関係機関等の連携等、学校の主体的で具体的な取組みが求められていることを踏まえ、現任校での安全・安心な学校づくりへの取組みを把握しておくことが重要である。

5　教職員、保護者、地域の人々から信頼され、尊敬される「人間力」

> 　最近、「○○の品格」と題する書籍がベストセラーになるなど、品

> 格ということばをよく耳にするようになりました。あなたは、「教師の品格」をどのようにとらえ、その品格を保つために、教頭としてどのように教職員を指導していきますか。具体的に述べなさい。
>
> （平成20年　愛媛県小・中学校教頭）

　教師としての権威の喪失、モラル低下が言われて久しく、学校管理職にとっても例外ではない。そして、このことに対する保護者をはじめとする一般社会の目は厳しい。こうした設問が課せられる背景には、そうした社会の状況がある。

　本設問は、学校管理職ではなく、一般の「教師の品格」を問題としているが、その根底に、教師という職が、人を教え、育むという極めて人間的な営みであり、そのことに畏れと誇りを自覚するという認識が必要であり、それは管理職としても同様である。しかも、「所属職員を監督する」立場にある者にとっては、一層、そのモラルの向上が求められることは言うまでもない。

　また、学校は、教職員はもちろん、児童生徒、保護者、地域の人々、関係諸機関や教育委員会等多くの人々の支援や協力によって成り立つ。したがって、その学校のリーダーたる管理職は、これらの人々から信頼される存在であらねばならないし、魅力ある存在でなければならないし、尊敬される存在でなければならない。学校管理職が、こうした存在であれば間違いなく学校は活性化する。したがって、学校がよく変わるかどうかは校長が信頼されるに足る力量を有しているかどうかにかかっており、その意味では、常に信頼に足る校長の力量向上に努めることが求められる。

　さらに、いかに、すばらしい学校経営ビジョンを想定しても、それを言葉で示さなければ意味を持たず、言葉で教職員等にその夢を語らなければその具現化はおぼつかない。また、教職員の言葉に耳を傾けること

ができなければ学校経営ビジョンは砂上の楼閣になる。そうした意味では、学校管理職の言葉の力、コミュニケーション能力は、学校管理職の「人間力」の大きなファクターである。

　「言葉遣いによってその人となりがわかる」とよく言われるが、言葉は人そのものである。学校管理職として、教職員の意欲を引き出し、やる気にさせる誠実な言葉の遣い手、また、学校管理職として品格のある人間的な言葉の遣い手、相手の気持ちを慮ってのコミュニケーションがとれる言葉の遣い手として、その能力を高めるよう心がけることは極めて重要である。

[Column] 合格への近道——採点者の着眼点

課題に対応した論を展開する

　文章としていかに論理的で、優れた実践方策が述べられていても、出題されている課題に正面から対応していない内容であれば、全く評価されません。論文選考にあっては、出題に正対した論文であるかどうかは、合否に大きく影響します。
　課題に正対した論文を書くためには、以下の点に意識して書くようにしましょう。
 (1) 課題を丁寧に読み、分析して、このような課題が出されてきた意図や背景、問われている主旨を的確に把握する。
 (2) 問われている課題を、校長あるいは教頭としての立場から自らの課題として捉え直し、具体的な課題に再構成する。
 (3) 序論・本論・結びを通して論旨が一貫するよう構成を工夫する。

立場を明確にして論述しているか

➡関連練習問題は
p.154へ

　設問No.25(p.154)は、「教頭としてどのような点に留意して関わっていきますか」とあるので、「教頭」としての立場から論述する必要があります。往々にして、論述する立場を意識しないまま書かれた文章を見かけますが、そうした論文では課題が一般化されてしまい、当事者意識のないものになってしまいがちです。
　校長は、「校務をつかさどり、所属職員を監督する」職であり、教頭は、「校長を助け、校務を整理し、及び必要に応じ児童の教育をつかさどる」職であることを意識して、その立場から、自らの課題に捉え直し、論述することが必要です。例えば、教頭であれば、いかに校長の意を体し、ラインとしての役割を果たすか、あるいは、校長と主幹教諭、一般教諭との間をいかに適切につなぎ、活力ある学校を築くかなどを、具体的に記述します。

第2章

管理職試験で何が問われるか
―― 確認しておきたい基礎・基本

管理職試験で何が問われるか
―― 確認しておきたい基礎・基本

Ⅰ　なぜ選考試験に論文が課せられるのか

　毎年、文部科学省は、全国の公立学校における校長等の登用状況及び管理職試験実施状況を調査し、公表しているが、平成22年度の同調査における管理職選考の試験内容を見ると、「択一問題や短答形式による筆記試験を実施している」が41県市、「小論文や作文による筆記試験を実施している」が63県市、「個人面接を実施している」が60県市、「集団面接を実施している」が29県市、「その他」が６県市となっている。調査対象が、全都道府県、政令指定都市66県市であることからしてみると、ほとんどの県及び政令指定都市で管理職試験に論作文及び面接を課していることがわかる。

　学校管理職選考に、面接は当然としても論作文がこれほどまでに重視されているのは、論作文が、受験者の管理職としての資質・能力を見極めるのに、完全とはいえないまでも、他の試験内容と比べて、客観的、効率的でより有効であるからである。課題をどう捉えるかで、受験者の考えの深浅がわかり、また、その対応のあり方の論述で、実践に裏付けられたものかどうか、独創的かどうかが読み取れ、さらには、管理職としての指導力や意欲、人間的豊かさまでも、書かれた文、文章から推量できるからである。

　では、今日、どのような学校管理職が求められているのであろうか。平成20年度東京都公立学校管理職選考第一次筆答試験にあたって、都教育庁人事部選考課長、同試験室長は次のようなコメントを発表している（下線筆者）。

「これからの教育管理職に期待されるものは、<u>教育者の視点、経営者の感覚、優れた人間としての魅力</u>を持って、子どもたちの将来や教育のあるべき姿を明確に展望し、<u>組織として実践する豊かな識見と旺盛な行動力</u>が求められています。特に、今日の変革する時代にあっては、<u>現状を変えようとする強い意欲と的確な判断力、そして、力強いリーダーシップや指導力</u>が重要となっています。このような認識に立ち、保護者や地域に信頼される教育が推進できる人材を選考するよう努めてまいります」

また、同時に行われた試験室長「問題作成の考え方」の説明において、論文試験問題は、次の五つの考え方に基づいて作成していると述べている。

1　日本国憲法及び教育基本法等の示すところに基づいて、<u>学校教育を適正に進めるための自らの信念や理念</u>をもっていることを見いだす。
2　<u>広い視野と豊かな経験及び高い識見をもって教育上の諸課題を把握し、その解決を図る能力や態度、課題解決のための具体的な方策</u>をもっていることを見いだす。
3　教育管理職としての<u>責任感や意欲、実践の姿勢</u>があることを見いだす。
4　<u>公立学校の管理運営や教育に関する基礎的事項、法令や社会の状況等に関する理解や関心</u>をもっていることを見いだす。
5　<u>教育実践に日々誠実に取り組み、自校の教育の改善に努めている</u>ことを見いだす。

この求められる管理職像及び論文問題作成の考え方は、東京都に限らず、すべての都道府県、政令指定都市に共通することであることは間違いない。このような出題者の出題意図、背景を十分に踏まえ、理解して論文試験に臨むことが極めて重要である。

Ⅱ 管理職選考論文課題に見る今日の教育課題

　試験は、逆カリキュラムだといわれる。出題課題を見ることで、出題者が受験者に何を求めようとしているかが明らかになり、もしそれがこれまでに身に付いていなければ、身に付けられるよう、カリキュラムを修正するということである。

　このことは、学校管理職選考でも同様である。管理職選考論文課題をみれば、何が、出題者側にとって喫緊、かつ重要な課題と認識されていて、いかなる学校管理職を求めようとしているかが、おおよそ明らかになる。よく、論文で、課題に正対せよといわれるが、課題に正対するということは、出題者側の喫緊な課題意識を受験者側が自分の課題として捉えきれているということであり、論文選考で求めようとしている出題者側の学校管理職により接近するということでもある。

　そうした課題に正対するためには、まず、課題として出されてきた出題の意図や背景、問われている主旨内容を的確に把握することが必要である。そこで、これまでの論文選考で、よく出題されてきている課題のいくつかを取り上げ、その出題の背景や趣旨、内容等、理解しておきたいことについて解説を試みたい。

1　学校経営

(1)　教育基本法の改正

➡関連練習問題は
p.58へ

　教育基本法が改正され、新しい時代の教育の基本理念が示されました。教育基本法第2条においては、教育の目的を実現するために今日重要と考えられる事柄を教育の目標として五つ掲げています。その目標のうち最も重要と思われる目標一つを取り上げ、その目標を達成す

るためにどのように学校経営に取り組んでいくか、具体的に述べなさい。

　60年ぶりに教育基本法が改正された。平成12年12月の「教育改革国民会議報告——教育を変える17の提案」、さらに、中教審答申「新しい時代にふさわしい教育基本法と教育振興基本計画の在り方について」（平成15年3月20日）に基づき、平成18年12月15日国会で可決・成立し、同年12月22日に公布・施行されたものである。

　新たな教育基本法は、「21世紀を切り拓く心豊かでたくましい日本人の育成」を中核に、①信頼される学校教育の確立、②「知」の世紀をリードする大学改革の推進、③家庭の教育力の回復、学校・家庭・地域社会の連携・協力の推進、④「公共」に主体的に参画する意識や態度の涵養、⑤日本の伝統・文化の尊重、郷土や国を愛する心と国際社会の一員としての意識の涵養、⑥生涯学習社会の実現、⑦教育振興基本計画の策定を改正の基本的方向としている。

　改正教育基本法第2条では、教育の目標として次の5項目が示されている。
①　幅広い知識と教養を身に付け、真理を求める態度を養い、豊かな情操と道徳心を培うとともに、健やかな身体を養うこと。
②　個人の価値を尊重して、その能力を伸ばし、創造性を培い、自主及び自律の精神を養うとともに、職業及び生活との関連を重視し、勤労を重んずる態度を養うこと。
③　正義と責任、男女の平等、自他の敬愛と協力を重んずるとともに、公共の精神に基づき、主体的に社会の形成に参画し、その発展に寄与する態度を養うこと。
④　生命を尊び、自然を大切にし、環境の保全に寄与する態度を養うこと。
⑤　伝統と文化を尊重し、それらをはぐくんできた我が国と郷土を愛

するとともに、他国を尊重し、国際社会の平和と発展に寄与する態度を養うこと。

これらの目標の中で、新たに重視されたことは、③④⑤であり、これらを各学校でどう具体化するかが求められる。

(2) 教育振興基本計画

➡関連練習問題は p.62へ

> 平成20年7月1日、教育基本法に示された教育の理念の実現に向けて、今後10年間を通じて目指すべき教育の姿、及び今後5年間に取り組むべき施策を総合的、計画的に推進するものとして教育振興基本計画が国会に報告されました。
>
> あなたは、校長として、教育振興基本計画を踏まえた学校経営をどのように展開するつもりですか。

「教育振興基本計画」は、教育基本法第17条に基づき、政府として策定した計画である。

「教育振興基本計画」は、平成20年7月1日に閣議決定され、今後5年間に取り組むべき施策を、①社会全体で教育の向上に取り組むこと、②個性を尊重しつつ能力を伸ばし、個人として、社会の一員として生きる基盤を育てること、③教養と専門性を備えた知性豊かな人間を養成し、社会の発展を支えること、④子どもたちの安全・安心を確保するとともに、質の高い教育環境を整備すること、の四つの基本的方向に整理している。とりわけ、基本的方向の②は、学校教育と大きく関わっており、その具体的取組みとして、(1)知識・技能や思考力・判断力・表現力、学習意欲等の「確かな学力」を確立する、(2)規範意識を養い、豊かな心と健やかな体をつくる、(3)教員の資質の向上を図るとともに、一人一人の子どもに教員が向き合う環境をつくる、(4)教育委員会の機能を強化する

とともに、学校の組織運営体制を確立する、(5)幼児期における教育を推進する、(6)特別なニーズに対応した教育を推進する、の6事項を掲げ、それぞれについて、施策として具体的に提示している。学校経営方策を設定するにあたっては、そうしたことを十分踏まえたものでなければならない。

(3) 生きる力

➡関連練習問題は p.158へ

> 平成20年の学習指導要領の改訂に際しては、学校関係者や保護者、社会の間で「生きる力」の理念を共有することがまず行われるべきこととされました。あなたは、校長として「生きる力」をはぐくむことの必要性やその内容についてどう考え、その理念について、保護者や社会とどう共有を図りながら学校経営を進めていきますか、具体的に述べなさい。

「生きる力」とは、
○基礎・基本を確実に身に付け、いかに社会が変化しようと、自ら課題を見つけ、主体的に判断し、行動し、よりよく問題を解決する資質や能力
○自らを律しつつ、他人ととともに協調し、他人を思いやる心や感動する心などの豊かな人間性
○たくましく生きるための健康や体力　など

であり、この「生きる力」をはぐくむという基本理念は、前学習指導要領に引き続き、新学習指導要領にあっても継承されている。
　「生きる力」の育成が必要とされる背景は、次の二点である。
① 21世紀が、新しい知識・情報・技術が政治・経済・文化をはじめ社会のあらゆる領域での活動の基盤として飛躍的に重要性を増す、

いわゆる「知識基盤社会」の時代であること
② 改正教育基本法、改正学校教育法は、教育の目標及び義務教育の目標を定め、さらに学力の重要な要素を明確化したが、そのことは、学習指導要領が重視している「生きる力」の育成にほかならないこと

「生きる力」という理念の共有にあたって重視すべきこととして、
① 変化が激しく、新しい未知の課題に試行錯誤しながらも対応することが求められる複雑で難しい時代を担う子どもたちにとって、将来の職業や生活を見通して、社会において自立的に生きるために必要とされる力が「生きる力」であること
② 変化の激しい社会で自立的に生きる上で重要な能力であるものの、我が国の子どもたちにとって課題となっている思考力・判断力・表現力等をはぐくむためには、各教科において、基礎的・基本的な知識・技能をしっかりと習得させるとともに観察・実験やレポートの作成、論述といった知識・技能を活用する学習活動を行う必要があること
③ コミュニケーションや感性・情緒、知的活動の基盤である国語をはじめとした言語の能力の重視や体験活動の充実を図ることにより、子どもたちに、他者、社会、自然・環境とのかかわりの中で、これらと共に生きる自分への自信をもたせる必要があること

の3点があげられている。

(4) 新たな教員評価

➡関連練習問題は p.170へ

　自己申告と業績評価からなる新たな「教職員の人事評価システム」を導入して1年が経ちました。あなたは、校長として、このシステムを教職員の資質向上や学校の組織改善のために活かすことができていますか。

従来の形骸化してきたといわれる教員の勤務評定に替わり、新たな自己申告と業績評価を柱とする能力開発型の教員評価制度を導入する県が増えてきている。この新たな教員評価制度導入の背景には、これまでの教員評価であった勤務評定が、評価の基本である、公平・公正性、客観性、透明性等を十分担保することができず、管理職による一方的な評定になって、教員の意識改革や資質能力の向上、学校組織の活性化につながらなかったことにある。そういう状況を転換するべく、教員の自己申告と目標管理、評価者と被評価者とのコミュニケーション、業績評価を基本とした双方向的な評価を意図して新たな教員評価制度が導入されてきたのである。

　とりわけ、教員自らが職務目標を設定することで、より主体的に職務に取り組み、自己評価と校長等との面談を通して自己の能力や改善すべき点などを把握し、自らの職務遂行能力の開発・向上を目指すという「自己申告」に、従来にはなかった新たな評価制度の特徴があり、そうした双方向、能力開発型の評価制度の意義を十分踏まえる必要がある。

　人が人を評価することは、極めて難しい。そうした評価を円滑に、しかも意味あるものにするためには、評価者と被評価者との間の十分な信頼関係が醸成されていなければならない。そうした信頼関係を形成するために、校長として、定期的な授業参観等を通しての的確で適切な指導・助言、日常的な教職員とのコミュニケーション、そして、公平・公正で的確な評価ができる評価者としての評価能力を高めることが必要である。

(5) 新たな「職」の配置

➡関連練習問題は
p.178へ

　学校教育法改正に伴い、新たな「職」として、副校長、主幹教諭等の配置が可能となりました。とりわけ、主幹教諭は、校長のリーダー

> シップの下、組織的・機動的な学校運営を実現するために設置されるものです。
>
> 　あなたは校長として、主幹教諭配置の趣旨をどう捉え、どのように主幹教諭を活用していくつもりですか。

　学校教育法等の一部改正（平成19年）によって、学校に新たに「副校長、主幹教諭、指導教諭、栄養教諭その他必要な職員を置くことができる」ようになった。そこでは、副校長の職務を「校長を助け、命を受けて校務をつかさどる」「校長に事故があるときはその職務を代理し、校長が欠けたときはその職務を行う」とし、主幹教諭の職務を、「校長（及び副校長）及び教頭を助け、命を受けて校務の一部を整理し、並びに児童の教育をつかさどる」ことと示している。この新たな「職」としての副校長、主幹教諭の配置は、校長、教頭の管理職以外は全てフラット、同格といった、組織の体をなしていない、いわゆる「鍋ぶた型」組織と揶揄されてきたこれまでの学校組織を、校長のリーダーシップの下、組織的・機能的な学校運営を実現する組織へと転換を図るものであり、とりわけ、主幹教諭は、形骸化され、機能不全に陥っていると指摘されてきた主任制度に代わるミドルリーダーとしての役割を担うものである。

　具体的には、①学校運営に対する意見具申、相談等で副校長（教頭）を補佐する、②担当校務の状況把握及び学年間、校務分掌間の調整、③教職員への適切な指導助言と校内研修の推進、④適切な指示による担当校務の進行管理等を行うことが期待されている。

　主幹教諭を学校のミドルリーダとして活用するにあたっては、学校管理職と教職員を繋ぎ、間をとりまとめ、教職員をリードし、学校を活性化させるキーマンとして機能するよう、校長―教頭―教諭のラインに主幹教諭を明確に位置付けた学校組織を作り、日常の学校運営に生かす工夫が求められる。

(6) 学校評価

→関連練習問題は p.82へ

> このほど、学校教育法等が改正され、学校には自己評価と学校関係者評価の実施と公表、評定結果の設置者への報告、保護者や地域住民等への積極的な情報提供等が求められるようになりました。あなたは、校長として、このことをどのように捉え、学校評価にどう取り組み学校経営を進めていきますか。具体的に述べなさい。

改正学校教育法は、その第42条で、学校について「学校の教育活動その他の学校運営の状況について評価を行い、その結果に基づき学校運営の改善を図るため必要な措置を講ずることにより、その水準の向上に努めなければならない」と学校運営評価の実施を、また第43条で「保護者及び地域住民その他の関係者の理解を深めるとともに、これらの者との連携及び協力の推進に資するため、学校の教育活動その他の学校運営の状況に関する情報を積極的に提供するものとする」と、学校運営情報の提供義務を定めている。さらに、同施行規則の「第4章第5節　学校評価」で、学校運営自己評価と結果公表義務（第66条）、保護者による学校評価（第67条）、学校評価結果報告義務（第68条）を定めている。

また、平成22年7月に改訂された「学校評価ガイドライン」は、学校評価について、各学校の教職員が行う自己評価、その自己評価結果を保護者・地域住民等の学校関係者などが評価する学校関係者評価、そして、第三者評価と呼ばれる、学校と直接関係を有しない専門家等による客観的評価の3点に整理し、それぞれについて、詳しくその取組みに係る内容や留意点を説明している。

言うまでもなく、これら学校評価の趣旨は、自らの教育活動や学校運営について、その達成状況を把握することにより学校運営を改善し、その結果の公表を通して、保護者、地域住民の学校運営に対する理解を得

て、より信頼される開かれた学校づくりを推進するところにある。

そうした趣旨とPlan-Do-Check-Actionの学校評価システムを踏まえ、組織的、継続的に学校評価を実施していくことが強く求められている。

(7) 学校種間の接続

➡関連練習問題は p.90へ

> 今日、いわゆる「小１プロブレム」とか「中１ギャップ」と言われる、学校種間の接続が円滑にいかないことによる問題が大きな課題となっています。
> このことについて、校長としてどのように考え、どのように取り組んでいきますか。あなたの校種に応じた対応を述べなさい。

「小１プロブレム」とか「中１ギャップ」といわれる学校間の移行がスムースにいかず、進学先での問題行動の起きる状況が大きな課題となっている。「小１プロブレム」とは、小学校に入学した１年生が、教師の話を聞かない、授業中座っていられず立ち歩く、集団行動がとれず勝手な行動をとるなどの状態が数か月続く状態であり、「中１ギャップ」とは、「小学生から中学１年生になったとたん、学習や生活の変化になじめず不登校になったり、いじめが急増したりする現象」で、新潟県教育委員会が名付けたものである。

とりわけ、小・中学校の円滑な接続については、中教審答申（平成20年１月）で、「思春期に入り、学習内容も高度化する中学校は、小学校段階に比べ、授業の理解度が低下したり、問題行動等が増加するといった多くの教育課題を抱えている。このため、生徒が順調に中学校生活を始めることができるよう小学校と中学校の円滑な接続を図ることが極めて重要である」として、学習と生活の両面にわたる小・中学校を見渡した効果的な指導が求められるとしている。

最近は、小中連携を視野においた小中一貫校などを設置するところも出てきているが、そうした先進校の取組みも参考にしながら、小、中の管理職が連携を強め、小・中学校合同行事の実施、中学校への体験入学、体験授業の参加、中学校教員による小学校への出前授業、小学校、中学校それぞれの教師の授業相互参観等など、できることから小・中連携活動を実施していくことが重要である。

(8) 特別支援教育

➡関連練習問題はp.94へ

> 　各学校において、特別支援教育をどう具体化するかは重要な課題となってきています。あなたは教頭として特別支援教育を進める校内体制づくりをどのように取り組んでいくつもりですか。あなたの考えを述べなさい。

　平成19年4月1日、「学校教育法等の一部を改正する法律」が施行され、これまでの盲・聾・養護学校が特別支援学校に、小・中学校の特殊学級が特別支援学級という転換が図られ、特別支援教育を一層推進する体制と仕組みが整備されることとなった。

　特別支援教育は、障害がある幼児児童生徒の自立や社会参加に向けた主体的な取組みを支援するという視点に立って、個々の教育的ニーズを把握し、その持てる力を高め、生活や学習上の困難を改善または克服するため、適切な指導及び必要な支援を行うものである。

　平成19年4月1日付文部科学省初等中等教育局長「特別支援教育の推進について（通知）」には、学校における特別支援教育を行うための体制整備を次のように示している。

　校長のリーダーシップの下、全校的な支援体制を確立し、障害のある幼児児童生徒の実態把握や支援体制の検討を行うための「特別支援教育

に関する校内委員会の設置」、特別な支援を必要とする幼児児童生徒の存在や状態を確かめるための「実態把握」、各学校の特別支援教育推進のため、校内委員会や研修の企画・運営、関係諸機関との連絡・調整、保護者との相談窓口等の役割を担う「特別支援教育コーディネーターの指名」、「関係機関と連携を図った『個別の教育支援計画』の策定と活用」、一人ひとりの障害の状況に対応した指導を進めるための「『個別の指導計画』の作成」、特別支援教育に関する「教員の専門性の向上」を図るための研修の充実である。示されたこれらの特別支援教育の取組みについて、現任校の実態に即してそれぞれ具体化していく必要がある。

2 教育課程

(1) 確かな学力の育成

➡関連練習問題は p.102へ

> 子どもたち一人ひとりに、確かな学力を身に付けさせることは、学校が学校として存在する第一義です。あなたは、子どもたちに確かな学力を身に付けさせるために、どのように学校を経営していきますか。

　平成19年6月公布の学校教育法一部改正は、教育基本法改正を踏まえ、義務教育の目標を具体的に示すとともに、小・中・高等学校等において、「生涯にわたり学習する基盤が培われるよう、基礎的な知識及び技能を習得させるとともに、これらを活用して課題を解決するために必要な思考力、判断力、表現力その他の能力をはぐくみ、主体的に学習に取り組む態度を養うことに、特に意を用いなければならない」と定めている（第30条2項、第49条、第62条）。

　この規定は、これまで論議され定義づけられてきた「確かな学力」の重要な要素である

　① 基礎的・基本的な知識・技能の習得

② 知識・技能を活用して課題を解決するために必要な思考力・判断力・表現力等
③ 学習意欲

を明確に示すものである。

(2) 知識・技能の習得と思考力・判断力・表現力等の育成

➡関連練習問題は p.110へ

> 「知識・技能の習得と思考力・判断力・表現力等の育成の重視」は、今回の学習指導要領改訂にあたっての基本方針の一つです。
> あなたは校長として、このことを具体化していくためにどのようなことに配慮して教育課程を編成しますか。

基礎的・基本的な知識・技能の習得と思考力・判断力・表現力等の育成は、中央教育審議会答申「幼稚園、小学校、中学校、高等学校及び特別支援学校の学習指導要領等の改善について」(平成20年1月17日)「学習指導要領改訂の基本的な考え方」の(3)(4)に示された重要な視点である。ここで示された内容を十分理解した上での論述が求められる。

基礎的・基本的な知識・技能については、前回の学習指導要領をほぼ踏襲し、①社会の変化や科学技術の進展等に伴い、社会的な自立等の観点から子どもたちに指導することが必要な知識・技能、②確実な習得を図る上で、学校や学年間等であえて反復（スパイラル）することが効果的な知識・技能、等に限って、新たに付け加えられることとなった。

その習得にあたっては、発達や学年の段階に応じた指導の重視として、小学校低学年から中学年までは、体験的な理解や具体物を活用した思考や理解、反復学習などのくり返し学習といった工夫による「読み・書き・計算」の能力の育成を重視し、中学年から高学年にかけて以降は、体験

と理論の往復による概念や方法の獲得や討論・実験・観察による思考や理解を重視するといった指導上の工夫を求めている。

　思考力・判断力・表現力等の育成については、各教科の指導の中で、基礎的・基本的な知識・技能の習得とともに、観察・実験やレポートの作成、論述といったそれぞれの教科の知識・技能を活用する学習活動を充実させるよう求めている。そのための具体的な学習活動として次のような活動を示している。

① 体験から感じ取ったことを表現する
② 事実を正確に理解し伝達する
③ 概念・法則・意図などを解釈し、説明したり活用したりする
④ 情報を分析・評価し、論述する
⑤ 課題について、構想を立て実践し、評価・改善する
⑥ 互いの考えを伝え合い、自らの考えや集団の考えを発展させる

　そして、これらの能力の基盤となるものは、数式などを含む広い意味での言語であるとして、理科の実験・観察レポートや社会科の社会見学レポートの作成や推敲、発表・討論などの言語活動を重視して、子どもたちの言語に関する能力を高めることが、思考力・判断力・表現力等の育成にとって重要であることを述べている。

(3) 心の教育

➡関連練習問題は p.146/202へ

　平成20年の学習指導要領の改訂では、道徳教育や体験活動の充実が図られるなど、「豊かな心」の育成が求められています。あなたは校長として、このことをどう捉え、「豊かな心」の育成をどのように推進していきますか。具体的に述べなさい。

　中央教育審議会答申（平成20年1月）は、「豊かな心や健やかな体の

育成のための指導の充実」の中で、「自分に自信がもてず、将来や人間関係に不安を感じているといった子どもたちの現状を踏まえると、子どもたちに、他者、社会、自然・環境とのかかわりの中で、これらと共に生きる自分への自信をもたせる必要がある」として、「国語をはじめとする言語の能力」と「地域の大人や異年齢の子どもたちとの交流、自然の中での集団宿泊活動や職場体験活動、奉仕活動などの体験活動」の充実を求めている。特に、前者については、「国語は、コミュニケーションや感性・情緒の基盤である」として、「自分や他者の感情や思いを表現したり、受け止めたりする語彙や表現力が乏しいことが、他者とのコミュニケーションがとれなかったり、他者との関係において容易にいわゆるキレてしまう一因になっており、これらについての指導の充実が必要である」としている。

また、道徳教育については、「子どもたちに、基本的な生活習慣を確立させるとともに、社会生活を送る上で人間としてもつべき最低限の規範意識を、発達の段階に応じた指導や体験を通して、確実に身に付けさせることが重要である。その際、人間としての尊厳、自他の生命の尊重や倫理観などの道徳性を養い……」として、ややもすると形式化していると指摘されてきた道徳の時間の改善も含め、学校における道徳教育を充実するよう求めている。

3　教師の資質能力の向上

(1)　教師の資質能力の向上

➡関連練習問題は
p.162/182/194へ

　　教育の正否は、教員一人ひとりの資質・能力にかかっているといっても過言ではありません。今日、様々な教育課題を抱える学校にあって、求められる最も重要な資質・能力は何だと考えますか。現任校の実態も踏まえ、あなたの考えを述べなさい。その考えの上に立って、

> あなたは教頭として、教員の資質向上に向けてどのように取り組みますか。具体的に述べなさい。

　教員に求められる資質能力について、平成9年の教育職員養成審議会第一次答申「新たな時代に向けた教員養成の改善方策について」では、次のように示している。
　① いつの時代も教員に求められる資質能力
　　○教育者としての使命感　○人間の成長発達についての深い理解　○幼児・児童・生徒に対する教育的愛情　○教科等に関する専門的知識　○広く豊かな教養　○これらを基盤とした実践的指導力
　② 今後特に教員に求められる具体的資質能力
　　○地球的視野に立って行動するための資質能力（地球、国家、人間等に関する適切な理解／豊かな人間性／国際社会で必要とされる基本的資質能力）
　　○変化の時代を生きる社会人に求められる資質能力（課題探求能力等に関わるもの／人間関係に関わるもの／社会の変化に適応するための知識及び技術）
　　○教員の職務から必然的に求められる資質能力（幼児・児童・生徒や教育の在り方に関する適切な理解／教職員に対する愛着、誇り、一体感／教科指導、生徒指導のための知識、技能及び態度）
　③ 得意分野を持つ個性豊かな教員
　　画一的な教員像を求めることは避け、生涯にわたり資質能力の向上を図るという前提に立って、全教員に共通に求められる基礎的・基本的な資質能力を確保するとともに、積極的に各人の得意分野づくりや個性の伸張を図ることが大切であること
　平成17年10月の中教審答申「新しい時代の義務教育を創造する」では、優れた教師の条件として次の三つの要素を挙げている。

① 教職に対する強い情熱
　　教師の仕事に対する使命感や誇り、子どもに対する愛情や責任感など
② 教育の専門家としての確かな力量
　　子ども理解力、児童・生徒指導力、集団指導の力、学級作りの力、学習指導・授業作りの力、教材解釈の力など
③ 総合的な人間力
　　豊かな人間性や社会性、常識と教養、礼儀作法をはじめ対人関係能力、コミュニケーション能力などの人格的資質を備えていること。教職員全体と同僚として協力していくこと

　教員の資質能力の向上を考えるにあたっては、上記の教養審や中教審の答申を踏まえて論述する必要があろう。

(2) 教職員の健康管理

➡関連練習問題は
p.186へ

　今日、教職員のメンタルヘルス（精神保健）の保持は、学校管理職にとって学校経営を進める上で大きな課題となっています。
　あなたは、校長として、教職員の健康管理についてどのように取り組みますか、具体的に述べなさい。

　文部科学省調査によれば、平成21年度、小中高の教職員の病気休職者数は8,627人で過去最高、そのうち精神疾患による休職者は、約63％を占め、10年前の3倍で5,458人とこれも過去最高となった。
　こうした精神疾患による休職者が増えた要因として、各都道府県等教育委員会は、①児童生徒や保護者との関係が変化し、以前の指導や対応では解決が難しくなった、②職場での支え合いが以前より希薄になった、③業務が多くなった、の3点を挙げている。こうした状況を受けて、文

部科学省は初等中等教育企画課長通知「平成20年度　教育職員に係る懲戒処分等の状況、服務規律の確保及び教育職員のメンタルヘルスの保持等について」（平成22年1月20日）を出し、学校管理職に、「学校教育は教育職員と児童生徒との人格的な触れ合いを通じて行われるものであり、教育職員が心身ともに健康を維持して教育に携わることができるような職場環境を整える」よう強く求めた。

　この初等中等教育企画課長通知では、教職員のメンタルヘルス保持に向けて、学校管理職が、①会議や行事の見直し等による校務の効率化、一部の教職員に過重な負担がかからない適正な校務分掌の整備を行うこと、②日頃から、教職員が気軽に周囲に相談したり、情報交換したりすることができる職場環境を作るよう特段の配慮を行うこと、③心の不健康に陥った教職員の早期発見・早期治療に努めること、④病気休職者が学校に復帰する場合には、当該教職員への理解と協力が得られるよう環境を整備することなどを求めている。

　各学校における教職員のメンタルヘルス保持の具体化にあたっては、これらの方策を踏まえ、活力ある学校組織、教師集団の形成に向けた具体的方策を示すことが必要である。

(3) 教職員の不祥事防止

➡関連練習問題は p.174/190へ

> 　教職員の不祥事が多発しています。あなたは、校長として、教職員の不祥事の未然防止に学校全体で取り組むためにどのような対策を立て、実行していこうと考えますか。具体的に述べなさい。

　文部科学省が発表した「平成21年度　教育職員に係る懲戒処分等の状況について」によると、平成21年度に懲戒処分を受けた教育職員の数は943人（前年度比116人減）、訓告等諭旨免職まで含めた懲戒処分等を受

けた教育職員は、7,981人（前年度比3,961人増）であったという。

その内訳（訓告等を含む）を見ると、交通事故2,422人、体罰393人、個人情報の不適切な取扱いに係るもの286人、わいせつ行為等153人となっている。

交通事故、体罰、わいせつ行為が、教員の三大服務事故といわれるが、最近では、それに加えて情報機器の利用に伴う個人情報の不適切な取扱いも増えてきていることがわかる。

しかし、こうした服務事故が一旦起きると、そうした事故を起こした教職員はもとより、職務上、身分上の監督者である校長もまたその責任を問われることになり、そして、それにもまして重要な問題は、当該学校に対する、児童生徒、保護者、地域の人々の信頼を一挙に失うことになる。信頼をなくした学校の信頼回復の道程は長い。そういう意味では、いかに、そうした服務事故防止に学校管理職として取り組むかが重要な課題となる。

東京都教育委員会は、平成18年4月27日、全ての公立学校から服務事故の根絶を目指し、処分の透明性の確保と事故抑止効果の向上を図るために懲戒処分基準を見直すとともに、服務事故防止に向けた対応策として、「服務事故防止月間」を創設し、全公立学校及び教育委員会で啓発活動等を総合的に展開し、全都的な事故防止への取組みを推進するとして、「懲戒処分基準の見直し等について」の文書を発表した。

それによると、服務事故防止に向けた学校のとるべき対応策として、

① 全校悉皆の校内研修の実施：服務事故防止月間の実施（年2回実施例：前期＝わいせつ・セクハラ　後期＝体罰防止）
② 全教職員の一斉点検活動：服務事故種類別チェックシートの活用による全教職員参加の一斉自己点検
③ 児童生徒に対するわいせつ・セクシュアルハラスメント事故の撲滅：児童生徒及び教職員のわいせつ・セクハラ相談窓口の周知活用、

わいせつ等事故防止のため、事故の具体的な事例を周知の取組みを行うよう示している。

4　児童生徒

(1)　いじめ根絶

➡関連練習問題は
p.210へ

> 「いじめ」が要因とみられる自殺が起きるなど、依然として「いじめ」問題は、学校が取り組まなければならない喫緊の最重要課題です。あなたは、教頭として「いじめ」防止に向けてどのように取り組みますか。具体的に述べなさい。

　平成21年度の「児童生徒の問題行動等生徒指導上の諸問題に関する調査」によると、平成21年度の小学校、中学校のいじめの認知件数は、それぞれ34,766件、32,111件で、前年度より小学校で6,041件、中学校で4,684件減少している。また、認知学校数も、小学校は7,043校で前年度より394校、中学校は5,876校で前年度より354校の減となっている。この減少傾向は調査方法を改めた平成18年度からその傾向をたどっているが、件数が減ったことが重篤ないじめ問題の減少に直接つながらないところに、いじめ問題の大きな課題があることを認識しておく必要がある。
　文部科学省は、平成18年10月に「いじめの問題への取組の徹底について」の初等中等教育局長通知を出したが、その中で、いじめの早期発見・早期対応について、以下の5点を学校に求めている。
　①　いじめは、「どこの学校でも、どの子にも起こり得る」問題であることを十分認識すること。
　②　いじめが生じた際には、学級担任等の特定の教員が抱え込むことなく、学校全体で組織的に対応することが重要であること。
　③　事実関係の究明に当たっては、当事者だけでなく、保護者や友人

関係等からの情報収集等を通じ、事実関係の把握を正確かつ迅速に行う必要があること。
④　いじめ問題については、学校のみで解決することに固執してはならないこと。
⑤　学校におけるいじめへの対処方針、指導計画等の情報については、日頃より家庭や地域へ積極的に公表し、保護者や地域住民の理解を得るよう努めること。

いじめへの対応にあたっては、こうした通知を踏まえ、各学校の実態に即した取組みが必要である。

(2)　児童生徒の安全確保

➡関連練習問題は p.86へ

> 児童生徒の重篤な事故や事件が多発する中で、各学校における児童生徒の安全確保、学校の危機管理体制の確立は喫緊の重要な課題です。
> あなたは、教頭として、児童生徒の安全確保、学校の危機管理体制に対してどのように取り組みますか。

児童生徒が被害に遭う重篤な事件・事故等が多発しており、そうした事件・事故の未然防止と児童生徒の安全確保を図ることは喫緊の重要な課題となってきている。そうした状況を踏まえ、文部科学省は、平成19年に「学校の危機管理マニュアル」を改訂し、「学校保健法」を50年ぶりに改正して、「学校保健安全法」（平成20年6月）と改めた。「学校の危機管理マニュアル」では、実効ある学校マニュアルの策定、教職員の危機管理意識の高揚など、「学校保健安全法」では、学校における総合的な安全計画の策定など、安全・安心な学校づくりへの主体的で具体的な取組みを求めている。

また、中教審答申「子どもの心身の健康を守り、安全・安心を確保す

るために学校全体としての取組を進めるための方策について」（平成20年1月17日）では、「学校安全の充実を図るための方策」として、以下の6点の取組みを学校に求めている。
① 総合的に子どもの安全を確保する学校安全計画の策定
② 学校施設の安全性の確保
③ 学校における安全管理体制の整備充実
④ 緊急時の的確な対応ができる学校内の体制の確立
⑤ 学校安全に関する教職員の資質能力の向上
⑥ 家庭・地域社会との連携による安全管理体制の強化

こうした取組みを踏まえ、各学校の実態に即した具体的な方策を作りあげることが必要である。

5　保護者・地域

(1)　信頼される学校づくり

➡関連練習問題は
p.98/222へ

> あなたは、保護者や地域から信頼される学校づくりにどう取り組みますか。校長としてのあなたの考えと具体的な方策を述べなさい。

中教審答申「新しい時代の義務教育を創造する」（平成17年10月26日）では、「これからの学校は、保護者や地域住民の意向を十分反映する、信頼される学校でなければならない」として、次のような具体的提案を行っている。保護者や地域から信頼される学校づくりにあたっては、こうした内容を踏まえた取組みが必要である。

○地域に開かれ信頼される学校を実現するためには、保護者や地域住民の意見や要望を的確に反映させ、それぞれの地域の創意工夫を生かした特色ある学校づくりを進めることが不可欠である。それと同時に、保護者や地域住民が、学校に要求するばかりでなく、学校と

ともに地域の教育に責任を負うとの認識のもと、学校運営に積極的に協力していくことが求められる。
○このため、学校運営協議会制度（コミュニティ・スクール）や学校評議員制度の積極的な活用を通じて、保護者や地域住民の学校運営への参画を促進する必要がある。その際には、校長との権限関係を明確にすることや、委員に適材を得ることが必要である。
○学校運営への保護者や地域住民の参画は、学校運営が透明性を高め、公平・公正に行われるようにするとともに、教育活動等についての評価及び公開を通じ十分な説明責任を果たすという民主主義のルールに基づいて行われるようにする上で重要な意義を有するものである。
○学校施設の地域への開放や余裕教室の有効活用により、学校が地域住民の活動の場となり、学校が拠点の一つとなって地域づくりが進められていくことも必要である。

(2) 保護者、地域との連携協力体制の確立

➡関連練習問題は
p.226/234へ

> これからの学校は、保護者や地域の人々の協力を得て学校運営や教育活動を進めていく必要があります。あなたは、教頭としてこのことをどう考えますか。また、その考えを踏まえてどう取り組みますか、具体的に述べなさい。

家庭や地域との連携・協力の推進については、中教審答申「新しい時代を切り拓く生涯学習の振興方策について」（平成20年2月19日）の中で、学校・家庭・地域が連携するための仕組みづくりとして、学校支援地域本部や放課後子どもプランによる、学校を地域の拠点として社会全体で支援する取組みの推進、学校・家庭・地域を結ぶPTA活動の充実を取り上げ、社会全体の教育力の向上を目指そうとしている。

また、中教審答申「幼稚園、小学校、中学校、高等学校及び特別支援学校の学習指導要領等の改善について」（平成20年1月17日）でも、本来、家庭や地域で果たすべき役割のすべてを学校が補完することはできないとしつつ、豊かな心や健やかな体の育成については、家庭が第一義的な責任をもつものであり、その自覚が求められるとして、「早寝早起き朝ごはん」など、家庭教育の充実を求めていくこと、「放課後子どもプラン」や地域全体で学校教育を支援する取組を推進すること、PTA活動を一層充実させること、さらには、学校の教育活動と家庭や地域、企業、NPOなどによる学校外の教育活動の役割を明確にした上で、例えば、職場体験活動の実施などを連携して行うことなどを求めている。保護者、地域との連携協力体制の確立にあたっては、こうした動向を踏まえた論述が必要である。

　「学校支援地域本部事業」とは、未来を担う子どもたちを健やかにはぐくむためには、学校、家庭、地域の連携を強化し、社会全体の教育力の向上に取り組む必要があるとして、地域全体で学校教育を支援する体制づくりを行う取組みとして平成20年度から新たに始まったものである。この事業は、地域住民が学校を支援する、これまでの取組みをさらに発展させ、学校の求めと地域の力をマッチングさせ、より効果的な学校支援と教育の充実を図ろうとするものである。

　具体的には、学校支援の企画、立案を行う、学校、PTA関係者、地域コーディネーター等からなる地域教育協議会、学校とボランティアとの間を調整する地域コーディネーター、そして、実際に支援活動を行う学校支援ボランティアを組織し、地域の力で学校運営の補完、学校の活性化を図る、いわば「地域につくられた学校の応援団」である。

[Column] 合格への近道――採点者の着眼点

国や県等の教育施策や動向を常に意識し、理解に努めているか

➡関連練習問題は p.166/178へ

　平成18年、60年ぶりの教育基本法の改正に伴って、学校教育法をはじめとする法改正がなされ、また、引き続き「生きる力」の育成を基本理念とする新学習指導要領が全面実施されるなど、国の文教政策は大きな改革期を迎えました。

　そうした国の教育改革の動向を把握し、重要諸施策についてその概要を理解しておくことの必要性は言うまでもありませんが、同時に、自己が所属する各都道府県教育委員会等における、国の動向に合わせた教育改革、教育施策、教育ビジョン等について熟知しておくことは極めて重要です。それは、受験者自身がそうした教育施策、教育ビジョンの具体化を担う当事者になるからです。

　設問 No.28（p.166）では、府教育委員会教育ビジョン「『京の子ども、夢・未来』プラン21―京都府の教育改革―」や、新たな教員評価制度の導入、さらには、京都府の教師力向上に向けた人材育成システムの構築などを十分理解した上で「教師の意識改革」をどう進めるかが問われています。

　また、設問 No.31（p.178）の「主幹教諭」設置についても、副校長、指導教諭とともに、学校の組織運営体制の確立や指導体制の充実を目指して、学校教育法の改正（平成19年）によって新設されたものです。ただ、これらは、「置くことができる」（学校教育法37条2項）とあるように、配置するかどうかは任命権者が自由に決めることになっているため、近年、教育改革の一環として各都道府県等の裁量で教員を配置したり、「～教育プラン」「～教育ビジョン」と名づけて独自の教育施策を展開したりすることも多くなってきました。

　このように、国の教育動向だけでなく所属する自治体の教育施策等の内容の理解に努め、同時にそれをどう具体化できるか、現任校の実態を踏まえた方策も考えておくことが大切です。

[Column] 合格への近道——採点者の着眼点

抽象的な概念や言葉を、いかに自分の言葉で具体化できるか

➡関連練習問題は p.102へ

　設問 No.12（p.102）は、校長としての「学力向上」策を問うていますが、この「確かな学力」について、改正学校教育法に示された通りに、「基礎的な知識及び技能、これらを活用して課題を解決するために必要な思考力、判断力、表現力その他の能力、及び主体的に学習に取り組む態度」と記述する受験者がいます。決して間違いではありませんが、採点者は、この受験者の「学力観」を、具体的なイメージで受け止めてはくれません。

　この学力の定義を、自分の言葉でいかに具体化できるかがよい答案を作成するキーポイントです。模範解答のように柴田義松東大名誉教授の「学力の三層構造説」を引用するなど、具体例を示すのも一つの方法です。

校長としての学校経営に、具体的ビジョンを持っているか

➡関連練習問題は p.110へ

　設問 No.14（p.110）は、「知識・技能の習得と思考力・判断力・表現力等の育成」の方針を実現していく上での校長としての「学校経営戦略」を、「具体的に」述べることを求めています。

　一般的に、学校経営とは、学校教育目標の設定とそれに基づく学校教育計画及び教育課程の編成・実施等と、それらを有効に維持・促進するための教職員や学校教育組織等の管理運営ですが、本設問では「知識・技能の習得と思考力・判断力・表現力等の育成」に焦点をあて、校長としての具体的な経営戦略を述べなければなりません。採点者は、どれだけ具体的な学校経営方策を持っているかを見ようとしているのです。

　＜模範解答＞では、「知識・技能の習得と思考力・判断力・表現力等の育成」に向けた教育課程の編成・実施、その具体化のための校内「教育課程委員会」の立ち上げ、個々の教員の授業力向上に向けた「校内研究」の充実を挙げていますが、こうした具体的な方策を述べて、校長としての学校経営に対する意欲的な姿勢を示す必要があります。

第3章

論文記述力を
どう高めるか

論文記述力をどう高めるか

I　書く内容を蓄積し、自らの考えを膨らませる

　いかに書く技術が優れていても、書くべき内容がなければその技術を生かすことはできない。よく、技巧だけに走って、伝えたり訴えたりする内容のない文章を見ることがあるが、こと管理職試験の論文では、それは致命的である。一般的に、管理職試験の論文選考の場合、課題が与えられているが、その課題に対する論文に、出題の背景を踏まえた課題に対する自らの考えや具体的な方策などが十分に書かれていないということは、とりもなおさず、管理職としてその課題に対する認識が不足しているということを意味する。

　書く技術もさることながら、どのような課題が出されたとしてもその課題に対して自らの考えが持てるよう、書く内容を蓄積しておくことが大切である。

1　教育に関わる答申や通知、通達、法令等の理解に努める

　60年ぶりに我が国の教育の基本的なあり方を指し示してきた教育基本法が改正され、それに基づく教育三法の改正を始め、いくつもの法令等が改められ、また、平成23年度からは、小学校を皮切りに学習指導要領の全面実施を迎えた。さらに、教育の地方分権化の波によって、各地方の教育改革が進みつつある今日、こうした大きな教育の動向を把握することは、これから学校管理職を目指す者にとって必須の条件である。

　こうした法令や答申や通知、通達に逐一目を通すということは並大抵のことではないが、できるだけ、そうした法令や答申、通知、通達等に

目を通し、その概要やその趣旨等の理解に努める必要がある。その際、重要な内容は書き留めて理解するだけではなく、その法令や答申、通知、通達等に対する自分なりの考えを持ち、それを具現化するにあたっての課題や、留意すべきことを明らかにしておくよう努めることが大切である。

2　教育課題等に対する意見や考えを見聞する機会を多く持つ

　教育に関する書籍や雑誌、新聞等には、教育課題に対する識者の意見や考え、実践指導者の実践事例等が数多く掲載されている。また、研究会などでもそうした人々の講演などを聞く機会もあろう。そうした機会は、教育課題等に対する自分の考えを深めたり整理したりするためのチャンスと捉えることが大切である。

　時には、自分の考えと合わず、読みたくない論文や聞きたくない話もあろうが、それをあえて読んだり聞いたりすることで、多様な考えを知り、自分の視野を広げるのに役立つものである。

　その際、重要だと思われる内容をメモしておいたり、心に残ったキーワードやキーセンテンスを書き留めておく必要がある。そうすることで、自己の論文を書く折に活用し、深みのある内容にすることができる。

3　日々の教育活動や児童生徒の実態把握に努める

　抽象的な文言ばかりが目立ち、観念的な内容の論文があるが、こうした論文は、まず合格しない。それは、書き手の伝えたい内容が、リアリティをもって読み手に伝わらないからである。

　具体的な事実や事例があるからこそ、そのことが論拠となって伝えたい考えや論を読み手に強く訴えることができるのである。そして、その材料は、日常の学校現場に数多くある。要は、その事実や事例を、自分の考えを支える論拠に生かす力量が求められるのである。

そうした力量を高めるためには、学校における日々の教育活動や児童生徒の実態、さらには、保護者、地域の様子などを常に観察し、その実態を的確に把握するとともに、そこにおける課題もまた、明らかにしておくことが大切である。

●参考●　　最近の答申や通知等で、目を通しておきたい文書

平成17年10月	中教審答申「新しい時代の義務教育を創造する」
平成17年12月	「登下校時における幼児児童生徒の安全確保について」（通知）
平成17年12月	中教審答申「特別支援教育を推進するための制度の在り方について」
平成18年３月	「義務教育諸学校における学校評価ガイドライン」
平成18年４月	「学校教育法施行規則の一部を改正する省令」
平成18年４月	「学校における個人情報の持出し等による漏えい等の防止について」（通知）
平成18年７月	中教審答申「今後の教員養成・免許制度の在り方について」
平成18年10月	「いじめの問題への取組の徹底について」（通知）「学校におけるいじめ問題に関する基本的認識と取組のポイント」
平成18年11月	内閣府「学校制度に関する保護者アンケート」「教育委員会・学校法人アンケート」調査結果
平成18年12月	「教育基本法」「教育基本法の施行について」（通知）
平成19年12月	「『ネット上のいじめ問題』に対する喫緊の提案について」
平成20年１月	中教審答申「幼稚園、小学校、中学校、高等学校及び特別支援学校の学習指導要領等の改善について」

平成20年1月	中教審答申「子どもの心身の健康を守り、安全・安心を確保するために学校全体としての取組を進めるための方策について」
平成20年1月	教育再生会議最終報告「社会総がかりで教育再生を～教育再生の実効性の担保のために」
平成20年2月	「指導が不適切な教員に対する人事管理システムのガイドライン」
平成20年3月	幼稚園教育要領、小学校学習指導要領、中学校学習指導要領
平成21年9月	子どもの徳育に関する懇談会報告「子どもの徳育の充実に向けた在り方について」
平成22年1月	「児童虐待防止に向けた学校等における適切な対応の徹底について」(通知)
平成22年3月	中教審初等中等教育分科会教育課程部会報告「児童生徒の学習評価の在り方について」
平成23年1月	中教審答申「今後の学校におけるキャリア教育・職業教育の在り方について」

Ⅱ 論述力を鍛える

　書くべき内容や伝えたい考えがあったとしても、その内容や伝えたい考えを的確に相手に伝えるための術がなくては意味をなさないことは言うまでもない。ましてや、定められた1,200字とか1,600字とかの字数に、与えられた課題に対する自分の考えをまとめ、読み手に分かりやすく的確に伝えなければならない論文選考にあっては、そうした論述力の有無が合否を左右する（ここでは、論文を書く力＝論文記述力を論述力とする）。

ところで、伝えたいことを的確に伝える論述力は、どのように身に付くのであろうか。読む力（文章理解力）は、読むことによってしか身に付かないのと同じように、書く力（文章表現力）は、書くことによってしか身に付かないのであってみれば、論述力もまた、くり返し論文を書くことで、その力が高まっていくのである。

1　教育に関わる社説や論説を通して論述の仕方を学ぶ

　論文とは、自分の意見や考えを読み手に的確に伝え、納得してもらうための文章である。その意味では、論文は、誰が読んでも伝えたい内容が的確に伝わるよう、言葉は正確に使われなければならず、文章の構成は論理的でなければならず、事例や根拠が明確でなければならないが、その典型的な文章が新聞等の社説、論説である。論文を書く力を鍛えるため、こうした社説や論説を大いに活用したい。

　具体的には、日刊紙での教育に関する社説や、教育関係の業界紙の社説を5分の1程度に要約する（論旨と論の組み立てをとらえ、事例等を省いて要約する）練習を試みたり、論旨を抜き出して、自分なりに敷衍してみたりすることを通して論理的な文章の書き方を習得するのである。これは、教育課題への理解にもつながり、同時に自分の課題に対する考えを深めることにもつながる。

2　想定した課題を実際に書き、他者に評価してもらう

　書くことによって書く力が伸びる以上、くり返し書くことは大切である。そして、書いたものを上司等に見せ、自分が伝えたいことが伝わっているかどうか評価してもらうことをくり返すことによって、論述力を鍛えるのである。その際、以下のことに留意して論述したい。

(1)　**課題を的確に把握し、課題に正対する**

　「出題に正対した論文」とは、出題の意図や背景、問われている主旨

内容を的確に捉え、問われている課題に正面から誠実に向き合い、校長あるいは教頭としての立場を明確にして、自分の考え、方策を具体的、実践的かつ論理的にわかりやすく述べた文章であるが、論文選考にあっては、この「出題に正対した論文」であるか否かは採点上極めて大きな比重を占める。

　なぜなら、課題として出題されるということは、その課題が、出題者側にとって喫緊、かつ重要な課題と認識されているということであって、その課題に正対しているということは、出題者側の喫緊、かつ重要な課題意識を受験者側が自分の課題として捉えきれているということにほかならないからである。したがって、「出題に正対」した論文を書くということは、その論文選考で求めようとしている出題者側の学校管理職像により接近するということでもある。

　そうした課題に正対した文章を書くためには、
① 　課題を丁寧に読み、分析して、出題の意図や背景、問われている主旨、内容を的確に把握すること
② 　問われている課題を、校長、あるいは教頭としての立場から自らの課題として捉え直し、具体的な課題に再構成すること
③ 　序論、本論、結論にわたって論旨の展開を一貫させること
④ 　方策を述べるにあたっては、自らの立場からできることとできないことを明確にし、できることについて具体的、実践的に記述すること

が必要である。

(2) **文章全体の構成を整え、論旨を一貫させる**

　論文は、論理的に自分の考えや意見を述べる文章であり、読み手にその考えや意見を納得させるべく書くものである。

　読み手が納得する文章とは、書き手の考えや意見のもととなるいくつかの論拠が明確で、序論から結論に至るまでの筋道・論理が一貫してお

り、書き手の述べようとすることが的確に読み取れる文章である。

　こうした文章であるためには、何を最も述べたいのかという要旨に統率されて、段落ごとの論旨とその繋がりが明らかな文章の組み立て、すなわち、文章の「柱立て」が明確でなければならない。すなわち、文章が論理的に構造化されているということである。こうした論理的に構造化された文章は、読み手にとって、視覚的にも内容的にも、段落、区切りが明確なので、各まとまりごとの論旨やそのつながり、何が言いたいのかという要旨が読み取りやすい。

　反対に、「柱立て」が明確でないまま記述された論文は、論理的な展開がなされていないので、読み手にとっては、全文を最後まで読まない限り、書き手が何を言おうとしているか理解できないということになる。

　論文選考の場合、こうした明確な文章構成がなされていない論文は致命的である。採点者は「柱立て」に沿って、書き手の述べようとすることを理解しつつ読み進め、納得できる論の展開かどうかを評価するからである。そうした意味で、論文作成にあたっては、出題課題に対する自分の考え、方策をどのような組み立てで論述するか、論理的な文章構成にすることは極めて重要なことである。

　具体的には、①問題文を読み、分析して、この問題が出された背景は何か、受験者に何を求めているかを探り、問題に対する受け止め方を１〜２の箇条書きにする、②問題に対する自己の基本的な考え方を２〜３の大項目にし、そのことを具体化する方策等について各２〜３の小項目として柱立てる、③全体のまとめや今後の展望、決意について１〜２の箇条書きにする。

　一般的には、①は序論に、②は本論に、③は結びとなるが、記述にあたっては、それぞれの項目に沿って、肉付けしながら論述する。とりわけ、本論は、論文の中核をなすものであり、各項目毎に事実・事例と考え・意見とを区別し、論拠を明確にしながら各項目を膨らませて書く必

要がある。なお、そのためにも、各項目ごとにキーワードをメモしておくと記述の際に役立つ。

(3) 具体的、実践的な方策を述べる

　管理職選考論文に限ったことではないが、論文とは、自分の考えや主張を論理的に述べ、読み手に理解させ納得させるために書く文章である。ただ、管理職選考論文の場合は、字数が制限され、課題が明確である。採点者が一度読んで内容を的確に理解できるよう、考え、方策を端的に分かりやすく具体的に述べなければならない。そのためには、抽象的表現はできるだけ避け、５Ｗ１Ｈの要素を意識して分かりやすく具体的に記述するよう努めたい。

　管理職選考論文の出題文の多くは、「〜について、校長（教頭）としてどのように取り組みますか、勤務校の実態を踏まえて、具体的に述べなさい」と指示される。採点者は、受験者が、＜立場を明確＞にして、＜実態＞を踏まえた＜具体的な考えと実践方策＞を持っているかどうかを論文を通して見るのである。したがって、そのことを踏まえた具体的な論述が求められる。

　では、そうした「具体性を持った論文」をどう作成するか。

① 　「誰に」を示す

　　学校は組織である。その組織をまとめ、統率し、指導力を発揮するのが管理職である。そうした管理職としての立場、役割を意識した論述が求められる。したがって、いかに優れた方策であっても、学校組織としてどう取り組み、学校管理職としてどう関わるかが述べられなければ実践的な方策とはいえない。学校組織をどう生かすか、具体的には「誰に」を示すことが必要である。

② 　「何を」を示す

　　管理職選考論文の課題の多くは、「何を」「どう考え、どうするか」である。その「何を」を自分の問題意識につなげ、よく読み込み、

分析して自らの課題に具体化することが必要である。抽象的な概念を具体的な事物に置き換えることで、「何を」が、より鮮明になりわかりやすい論文となる。

③ 「どのように」（留意する点等）を示す

具体的方策が、無計画でその場かぎりのものであってはならない。学校教育は、常に、P-D-Sのサイクルに沿って展開されなければならないが、その際、どう計画を立て、どう実施し、どう評価するか、「どのように」という、手立て、方法を具体化し、論述することが必要である。

④ 「数値」等を示す

伝えたいことを正確に伝えるためには、事実や事象を的確に述べる必要がある。とりわけ、「数値」、引用文の「出典」や「著者名」などは正確に記すことによって、論文が具体的で、リアリティに富んだものとなる。

以上のように、採点者が納得する論文となるよう、抽象的表現はできるだけ避け、文の精叙、略叙、５Ｗ１Ｈを意識して、受験者の言葉で論述したいものである。

(4) 立場を明確にして述べる

いかによい内容が書かれていても、立場が違っていれば、意味をなさないことが多い。

例えば、校長としての立場からの論述であれば、「校務をつかさどり、所属職員を監督する」校長として、あくまで学校経営に責任を持つ立場から、自校の実態に基づき、リーダーシップを発揮して、学校経営ビジョンを策定しなければならない。

一方、教頭としての立場から述べる場合には、「校長を助け、校務を整理し、及び必要に応じ児童生徒の教育をつかさどる」教頭としての立場から述べるのであって、その論述の内容は、「校長として」の論述と

は大きく異なる。立場によってなし得ることが違うのであるから、立場を明確にして論述された論文かどうかは極めて重要な評価ポイントである。

改めて、受験する職の職務内容について、十分な理解が求められる。

> 校長………校務をつかさどり、所属職員を監督する。
> 副校長……校長を助け、命を受けて校務をつかさどる。校長に事故があるときはその職務を代理し、校長が欠けたときはその職務を行う。
> 教頭………校長（副校長を置く学校にあっては、校長及び副校長）を助け、校務を整理し、及び必要に応じ児童生徒の教育をつかさどる。校長（副校長を置く学校にあっては、校長及び副校長）に事故があるときは校長の職務を代理し、校長（副校長を置く学校にあっては、校長及び副校長）が欠けたときは校長の職務を行う。
> 主幹教諭…校長（副校長を置く学校にあっては、校長及び副校長）及び教頭を助け、命を受けて校務の一部を整理し、並びに児童生徒の教育をつかさどる。
> 指導主事…上司の命を受けて学校における教育課程、学習指導その他学校教育に関する専門的事項の指導に関する事務に従事する。

(5) 丁寧に、誤字脱字に気をつけ読みやすく書く

丁寧で読みやすい文字で書かれた文章は、読み手に最後まで読み進めさせるための基本的な条件である。

数多くの論文を読み、評価しなければならない採点者にとって、誤字、脱字なく、丁寧に書かれた文章とそうでない文章とでは、好感度の上から言っても大きな差が出ることは間違いない。日頃から、丁寧で読みや

すい文章を書くよう心がけたい。

　また、一文には一つの内容だけを書き、それらをつなげて複雑な内容を表すよう心がけたいものである。一つの文にあれもこれもと書こうとすると文は長くなり、読み手にとって読みにくいものになる。しかも、長い文を書くと、主述が乱れるなど、文法的な誤りを犯すことにもつながりやすくなる。一般的に、一文平均50字以内、文節数にして15文節以内というのが読みやすいといわれている。

●参考●　　**文章点検のためのチェックリスト**

ア　主題・論旨が文章全体を通して一貫しているか。

イ　区切りをはっきり設けて書いているか。その区切りは意味的にまとまりを持っているか。

ウ　段落を内容的にも視覚的にもはっきり区切って書いているか。

エ　全体が、抽象的な叙述に終わっていないか。もっと観察した内容、経験した出来事など、事実を具体的に挙げる部分を設けたらどうか。

オ　一つの文が長すぎないか。一つの文に多くの内容を詰め込みすぎているところはないか。

カ　意味がはっきりしない言い回しや、人によって違った意味に受取られる表現をしているところはないか。

キ　あまり簡単にまとめすぎてはいないか。５Ｗ１Ｈの大切な要素が脱落しているところはないか。もっと言葉を使って詳しく述べた方がよい箇所はないか。

ク　抽象的に述べすぎてはいないか。もっと具体的に表現できないか。

ケ　意見・感想などを述べるときに、それを支える事実を併せて述べてあるか。

コ　表現・文体は統一されているか。「です・ます」と「である」とを交ぜていないか。

サ　文字遣いは統一されているか。送り仮名、仮名遣いは正確か。誤字脱字はないか。

＊樺島忠夫『書くための技術』（文化庁「ことば」シリーズ20　文章の書き方）より

[Column] 合格への近道──採点者の着眼点

管理職試験の実際

管理職選考試験の受験資格について（複数回答あり） （単位：県市）

受験資格に年齢制限を設けている。	56
受験資格に経験年数による制限を設けている。	59
受験できるのは副校長、教頭、主幹教諭又は教諭のみとしている。	8
職種による受験資格の制限を設けていない。（教諭等以外からの受験も可能）	18
管理職選考試験を実施していない。	1

※ 一部の校種又は職種において年齢制限や経験年数による制限を設けている場合を含む。
※ 一部の校種のみ管理職選考試験を実施していない場合は回答の「実施していない。」には含めていない。

管理職選考試験の出願に必要な条件について（複数回答あり） （単位：県市）

校長の推薦	32
市町村教育委員会の推薦	23
教育事務所の推薦	5
受験希望者が校長等の推薦なしに出願が可能	47

※ 管理職選考試験を実施している65県市の状況についての回答である。（以下同じ。）

管理職選考試験内容について（複数回答あり） （単位：県市）

択一問題や短答形式による筆記試験を実施している。	41
小論文や作文による筆記試験を実施している。	63
個人面接を実施している。	60
集団面接を実施している。	29
その他	6

※ その他は、書類選考、プレゼンテーション、口答試問、人事評価

管理職選考試験の面接委員について（複数回答あり） （単位：県市）

教員出身の教育委員会事務局職員	65
教員出身以外の教育委員会事務局職員	61
首長部局職員	3
教育委員	22
民間人	12
その他	7

※ その他は、学校長、元学校長、保護者、学校評議員等

合否判断材料について（複数回答あり） （単位：県市）

選考試験結果を合否の判断材料としている。	65
勤務実績等を合否の判断材料としている。	55
校長推薦書等を合否の判断材料としている。	45
実績報告書（受験者が作成）等を合否の判断材料としている。	26
その他	9

※ その他は、所属長意見書及び教育事務所長意見書、市町村教育長の推薦書等

文部科学省「公立学校における校長等の登用状況等について」（平成22年度）より抜粋

第4章

これで万全！
論文過去問・想定問題45

01 教育基本法改正を踏まえた学校経営方針の策定

学校経営 ①

➡関連テーマ解説は p.18 へ

> 我が国の教育の基本的なあり方を指し示してきた教育基本法が60年ぶりに改正されました。あなたは、校長として、この教育基本法改正の趣旨をどう生かして学校経営方針を策定していくか、具体的に述べなさい。　　　　　　　　　　　　　　　（想定問題）

テーマを捉える

1 教育基本法改正の趣旨をどう捉えるか

　教育基本法改正は、平成12年12月の「教育改革国民会議報告――教育を変える17の提案」、さらに、中教審答申「新しい時代にふさわしい教育基本法と教育振興基本計画の在り方について」（平成15年3月20日）に基づき、平成18年12月15日国会で可決・成立し、同年12月22日に公布・施行された。中教審答申では、「21世紀を切り拓く心豊かでたくましい日本人の育成」を中核に、①信頼される学校教育の確立、②「知」の世紀をリードする大学改革の推進、③家庭の教育力の回復、学校・家庭・地域社会の連携・協力の推進、④「公共」に主体的に参画する意識や態度の涵養、⑤日本の伝統・文化の尊重、郷土や国を愛する心と国際社会の一員としての意識の涵養、⑥生涯学習社会の実現、⑦教育振興基本計画の策定、を改正の基本的方向として示したが、それらが盛り込まれた

形で教育基本法が改正された。

2　教育基本法の趣旨を生かした学校経営方針

　教育基本法の改正に伴う法律改正などによって、日本の教育は、制度、内容とも大きく変化した。各学校においても、主体的にこの改正を受け止め、改正の趣旨を踏まえた新たな学校経営方針の策定が求められる。学校経営方針策定にあたっては、上記の改正の趣旨、内容を十分に把握するとともに、自校の実態と年度末の学校評価を踏まえ、自校の改善点と改正の趣旨、内容とを関連づけて具体的に策定することが必要である。

＜読んでおきたい準拠資料＞
・教育基本法

論文の構成立てをする

序論 教育基本法改正の背景と概要

本論 ①改正教育基本法の趣旨、理念や内容についての周知徹底
　　◆　教務部が中心となって、教育基本法の新旧対照表、主な改正点、それに関わる関連資料等を準備し、全教職員で改正教育基本法についての理解を深める。

　②**改正教育基本法をベースにした指導の重点の策定**
　　◆　改正教育基本法の趣旨や内容と自校の教育活動との関連を協議し、年度末の学校評価や学校の実態を踏まえ、取り組んでいくべき重点事項を明らかにする。

　③**教育基本法改正の趣旨を生かした学校経営方針の策定・提示と、その実現に向けた全教職員および保護者、地域の理解と協力**
　　◆　これまでの全教職員による協議を踏まえ、教育基本法改正の趣

旨を生かした学校経営方針を策定し、教職員、保護者、地域の理解協力を得て、その実現を図る。

結び 教育基本法改正の趣旨を生かした学校経営への意気込み

> **キーワード**
> 改正教育基本法　公共の精神　豊かな情操と道徳心　自然と環境の保全　伝統と文化の尊重　愛国心　郷土愛　学校経営方針

模範解答

　我が国の教育のあり方を60年にもわたって指し示してきた教育基本法が、時代や社会の変化による教育課題の出現やこれからの時代に求められる我が国の新たな教育のあり方等に対応すべく、平成18年12月に全面的に改正された。この教育基本法改正に伴って、学校教育法を始めとする教育三法の改正や学習指導要領の改訂などがなされ、日本の学校教育は制度的にも内容的にも大きく変化することになった。

　各学校にあっては、こうした転換を受け身的に待つのではなく、主体的に教育基本法改正を受け止め、改正の趣旨、内容を自校の学校経営方針に反映することが強く求められており、そのことが、教育改革期における学校管理職のあるべき姿と考える。

　そこで、教育基本法改正を踏まえた学校経営方針をどう策定するか、そのための具体的方策について以下述べたい。

　まず、改正された教育基本法の趣旨、新たに設定された教育の目的や理念、内容について、全教職員への周知徹底と十分な共通理解を図ることが必要である。そのためには、学校管理職主導のもと、教務部を中心に、教育基本法の新旧対照表、主な改正点、それに関わる関連資料等を準備し、全教職員で改正教育基本法の内容、とりわけ新たに示された教

育振興基本計画についての理解に努めたい。

　次に、改正教育基本法の趣旨、内容の共通理解を踏まえ、それをベースに、自校の教育活動を振り返るとともに、今後重視していくべき教育指導の重点を策定していく。

　新たな教育基本法は、教育の目的及び理念を始め、学校教育、家庭教育等、これまでの基本法を大幅に改正しているが、最も重要な改正の視点をキーワード的に示せば、「公共の精神」「豊かな情操と道徳心」「自然と環境の保全」「伝統と文化の尊重」「愛国心、郷土愛」だと思われる。そこで、これらの内容について十分に理解を図り、自校の教育活動との関わりを協議するとともに、年度末学校評価や自校の実態を踏まえ、これまで、どのように取り組んできたか、あるいは、取り組んでこなかったかを検討し、本年度、取り組んでいくべき重点事項を明らかにしていきたい。

　さらに、こうした全教職員の協議を踏まえ、自校の教育課題と教育基本法の趣旨、内容とを結び付けた学校経営方針を策定し、教職員、保護者、地域の協力を得て、その実現を図っていきたいと考えている。

　新しい革袋に新しい酒をと言われる。改正教育基本法に示されたこれからの教育の具体を担えるよう、その趣旨を生かす学校経営に努めたい。

02 学校経営② 教育振興基本計画の具現化を図る

→関連テーマ解説はp.20へ

> 平成20年4月18日に中央教育審議会より教育振興基本計画について答申がなされ、7月1日に教育振興基本計画が国会に報告された。
> その中で、今後5年間に総合的かつ計画的に取り組むべき施策の一つに、「個性を尊重しつつ能力を伸ばし、個人として、社会の一員として生きる基盤を育てる」ことがあげられている。あなたは、この施策の実現に向けて、管理職としてどのように学校経営に取り組んでいくか、具体的に述べなさい。
> （想定問題）

Hop テーマを捉える

1 中教審答申「教育振興基本計画について」とは

 平成20年7月1日に閣議決定された教育振興基本計画は、今後5年間に取り組むべき施策を四つの基本的方向に整理し、その基本的方向の第二として、「個性を尊重しつつ能力を伸ばし、個人として、社会の一員として生きる基盤を育てる」を設定している。

 その具体的取組みとして、①知識・技能や思考力・判断力・表現力、学習意欲等の「確かな学力」を確立する、②規範意識を養い、豊かな心と健やかな体を育成する、③教員の資質の向上を図るとともに、一人一

人の子どもに教員が向き合う環境をつくる、④教育委員会の機能を強化するとともに、学校の組織運営体制を確立する、⑤幼児期における教育を推進する、⑥特別なニーズに対応した教育を推進する、の6事項を掲げ、それぞれについていくつかの施策として具体化している。学校経営方策を設定するにあたっては、そうした内容を十分踏まえたものでなければならない。

2　取り組むべき施策として、何を重点にするか

　六つの具体的取組みは、それぞれ重要な今日的課題である。しかしながら、全てを取り上げることは現実的ではないとすれば、現任校の実態を踏まえつつ何を重点にして学校経営を行うかを考える必要がある。

　p.64からの解答例では、小学校にあっては平成23年度、中学校にあっては平成24年度からの新学習指導要領の完全実施を受けて、学習指導要領の着実な実施を学校経営の柱に据えて展開している。

＜読んでおきたい準拠資料＞
・中央教育審議会答申「教育振興基本計画について～『教育立国』の実現に向けて～」（平成20年4月18日）

論文の構成立てをする

序論 教育振興基本計画策定の背景と概要
本論 ①新教育課程の理念や趣旨の周知徹底と全面実施までのタイムスケジュールの作成
　　◆　校内に「教育課程委員会」を組織し、新教育課程の理念や学習指導要領改訂の背景や趣旨等についての周知徹底を図る。
　　◆　完全実施までのタイムスケジュールを作成し、時間割の編成等、

全教職員共通理解のもと確実に実施できる協働体制を確立する。

②全面実施までのタイムスケジュールに沿ったカリキュラムデザインと指導計画の作成

◆ 学力調査の結果等をもとに、自校の学力の実態や課題の共通理解を図り、教科ごとにその課題解決に向けた方策等を視野に入れた指導計画を作成する。

③全面実施に向けての校務分掌も含めた条件整備及び、作成した指導計画の実施と評価による指導計画の精度の向上

◆ 自校の課題解決に結び付けた指導計画の作成及び円滑で確実な学習指導要領の全面実施を図る。

結び 学習指導要領の円滑で確実な全面実施に向けての校長としての意気込み

キーワード

教育振興基本計画　新学習指導要領の着実な実施　完全実施までのタイムスケジュールに沿ったカリキュラム作成

模範解答

　改正教育基本法第17条１項に基づき、平成20年７月１日に閣議決定された教育振興基本計画では、今後５年間に取り組むべき施策を四つの基本的方向に整理し、その中の第二、「個性を尊重しつつ能力を伸ばし、個人として、社会の一員として生きる基盤を育てる」には、具体的な施策を、確かな学力の確立や豊かな心と健やかな体の育成など６項目に体系化し、それぞれの項目ごとに取組みの具体策を示している。その具体策は、学習指導要領の改訂と着実な実施や総合的な学力向上策の実施、道徳教育の実施など30数項目掲げられているが、小学校にあって平成23

年度から完全実施となる新学習指導要領に向けた取組みこそが、今日、校長に求められる最も重要な課題と考え、そのことを中核においた学校経営を展開したいと考えている。

具体的には、新学習指導要領の円滑で着実な全面実施を視野に置いて新しい教育課程の理念や趣旨の一層の周知徹底を図るとともに、確実な実施に向けた学校の組織体制を確立し、自校が抱えている課題の解決も視野に入れ、全面実施までのタイムスケジュールに沿ったカリキュラムの作成が必要であると考える。

そのため、まず、教務主任を中心に校内に「教育課程委員会」を組織し、新しい教育課程の理念や学習指導要領改訂の背景や趣旨等についての全教職員への周知徹底を図るとともに、完全実施までのタイムスケジュール、授業時数増加に伴う時間割の編成等を作成し、全教職員共通理解のもと確実に実施する校内協働体制を築いていきたい。

次に、各教科等主任が中心となって、各教科等の内容について、全面実施までのタイムスケジュールに沿ったカリキュラムデザインを描き、指導計画を作成させたい。

その際、学力調査の結果等をもとに、自校の学力の実態や課題を明らかにし共通理解を図るとともに、教科ごとにその課題解決に向けた方策等を視野に入れた指導計画を作成させる。

また、指導時数の確保、新たな教材の開発などについて、教職員が協力して実施できるよう、校長として校務分掌も含めた条件整備に努めるとともに、作成した指導計画の実施とその都度の評価を通じて、指導計画の精度を高め、自校の課題解決に結び付け、円滑で確実な学習指導要領の全面実施を迎えたいと考えている。

03 学校経営 ③

校長の職務を踏まえた学校経営ビジョン

> 学校の教育目標を達成し、校務を適切に行うため、学校教育法では、校長の権限を「校長は、校務をつかさどり、教職員を監督する」と規定されています。この規定の職務内容を示し、それを踏まえて、あなたは、校長として、どのように学校経営にあたるか、具体的に述べなさい。
> （想定問題）

テーマを捉える

1 校長の職務内容についての法的根拠と具体的内容の理解

改正学校教育法第37条4項に規定された「校長は、校務をつかさどり、所属職員を監督する」という校長の職務について、その趣旨、具体的内容について理解しているかどうかを問う問題である。

現在、未だ職員会議を最高の意思決定機関としたり、校長の権限で主任を任命することができなかったり、教職員の不祥事が絶えなかったりといった、校長としての職務権限を十分に発揮していない状況にある学校が一部ではあれ見られるが、そのことが本出題の背景にある。

改めて、校長の職務は、学校の教育目標の具現化に向けて、学校の人的管理（教職員及び児童生徒の管理）、物的管理（施設・設備の保全管理）、運営管理（教育課程の管理）など、学校運営上必要な一切の仕事を自分

の担当事項として責任をもって処理することであると的確に理解しておく必要がある。また、「所属職員を監督する」ことも同様に、教職員の職務上、身分上、法令に違反したり適正を欠いたりすることがないよう監視し、必要に応じて指示・命令したり、許可・承認を与えたりすることであると具体的な事例をもとに理解しておく。

2　現任校の実態を踏まえた学校経営ビジョンの策定

次に、校長の職務や現任校の実態を踏まえた上で、どのような学校経営ビジョンを策定するかである。

その際、学習指導要領の改訂をはじめ、子どもたちの学力問題、指導力不足教員や教職員の不祥事にかかわる資質の問題など、多くの教育課題を抱えているという今日の学校をめぐる状況や、現任校の実態を踏まえて論を展開する必要がある。

＜読んでおきたい準拠資料＞
・学校教育法　第37条４項

論文の構成立てをする

序論 校長の職務内容の明確化
本論 ①校長としての具体的な学校経営ビジョンの策定と提示
　　◆　現任校の実態等を踏まえ、教職員や保護者、地域の人々に「見える」具体的・実践的な学校経営ビジョンを策定・提示し、理解と協力を求める。
　　②**教職員の学校経営参画意識の向上と教職員の協働体制の確立**
　　◆　学校経営ビジョン具体化に向け、実践計画及び評価の仕組みを整備する。

③「教師力」の中核としての「指導力」充実の方策
◆ 授業研究を軸に据えた校内研究を通して、互いに切磋琢磨する学校風土を醸成する。

結び 学校経営ビジョンの具現化に向けた意気込み

> **キーワード**
> 「見える」学校経営ビジョンを策定　学校経営参画意識　実践計画及び評価の仕組み　授業研究を軸に据えた校内研究の展開

模範解答

　「校務」とは、教職員や児童生徒の管理に関する事務、学校の教育内容に関する事務、そして、学校の施設・設備の保全管理に関する事務という、学校教育目標を達成するために必要とされる学校運営上の一切の仕事のことを意味しており、この「校務」を「つかさどる」校長は、これら学校運営上必要な一切の仕事を、自分の担当事項として責任をもって処理しなければならない。

　また、「教職員を監督する」とは、学校に配置されたすべての教職員について、職務上及び身分上、法令に違反したり適正を欠いたりすることがないよう監視し、必要に応じて指示・命令をしたり、許可・承認を与えたりすることである。

　ところで、平成17年10月に出された中教審答申「新しい時代の義務教育を創造する」には、「新しい義務教育の姿」として、「学校の教育力、すなわち『学校力』を強化し、『教師力』を強化し、それを通じて、子どもたちの『人間力』を豊かに育てることが国家的改革の目標である」としているが、この「学校力」「教師力」を強化することこそ、「校務をつかさどり、教職員を監督する」校長としての職務の内実でなければな

らないと考える。そこで、私は、校長として、ここにある「学校力」「教師力」を一層高め、生き生きと活力あふれる学校を創り上げるために、以下の3点を強力に推し進めていきたいと考えている。

まず第一は、教育改革の動向や学校の実態をもとに、教職員や保護者、地域の人々に「見える」、具体的な学校経営ビジョンを策定し、それを教職員、保護者等に明確に提示する。

学校経営ビジョンを具現化するのは教職員であり、支え、協力してくれるのは、保護者、地域の人々である。具体的、実践的で、実現可能な経営ビジョンでありたいと考える。

第二は、策定した学校経営ビジョンを教職員と共有化し、教職員の学校経営参画意識を高め、教職員と協働してその具現化に努めたい。

よく、学校組織は、組織の体をなしていないと言われるが、それは、学校として達成しようとする目標が不明確であり、組織の構成員たる教職員が、その目標達成に向けて協働して関わらないからだと考える。そこで、学校経営ビジョンの具体化に向けて、校務分掌組織をもとに、教職員それぞれがどう関わるか、実践計画及び評価の仕組みを整えたい。

その第三は、「教師力」充実方策である。

「教師力」の中核は言うまでもなく「指導力」である。その「指導力」向上を目指す校内研究体制を確立したいと考えている。授業研究を軸に据えた校内研究を展開し、授業力向上に向けて互いに切磋琢磨する学校風土を醸成する。そのことが活力ある学校組織形成に繋がると考える。

「新しい義務教育の姿」として示された、生き生きと活力あふれる学校をつくり上げるべく、教職員や保護者・地域の人々に「見える」、明確な学校ビジョンを策定し、その具現化に向けて校長としての組織力とリーダーシップを発揮する所存である。

04 特色ある学校づくりと学校経営

学校経営 ④

> 本市では、来年度から、小・中学校とも新1年生から学校選択制を導入することといたしました。このことを受けて、それぞれの学校では、「特色ある学校づくり」を推進する必要があります。
> そのために、学校管理職として留意しなければならないことは何ですか。具体的に述べなさい。　　　　　　　　　　　（想定問題）

テーマを捉える

1　「特色ある学校づくり」をどう捉えるか

　「特色ある学校づくり」については、これまでくり返しその必要性が言われ、中教審答申「新しい時代の義務教育を創造する」（平成17年）では、地域に信頼される学校を実現するためには、「それぞれの地域の創意工夫を生かした特色ある学校づくりを進めることが不可欠」と述べられ、平成20年学習指導要領改訂の基本方針の一つともなっている。
　この「特色ある学校づくり」の推進は、各学校が、自校ならではの特色ある教育活動を通して、子どもたちに「生きる力」を培い、自校の抱える課題を解決し、時代が求める新しい教育の展開を求めるものである。そのためには、自校の特色ある教育課程の編成・実施を中軸に据えた校長の学校経営ビジョンの策定が極めて重要である。

2 「特色ある学校づくり」をどう具体化するか

　学習指導要領では、「各学校において、児童に生きる力をはぐくむことを目指し、創意工夫を生かした特色ある教育活動を展開する」ことを引き続き強調しており、それを進めやすくするために、①学年の目標及び内容を複数学年でまとめて示すなど、基準としての大綱化が図られ、②時間割や1単位時間等の運用の弾力化を図って、地域の実態や特色に応じた教育活動の展開を求めている。こうしたことを踏まえ、現任校の実態、特に、地域の教育力を生かした「特色ある学校づくり」を進める必要がある。

　　＜読んでおきたい準拠資料＞
・中央教育審議会答申「新しい時代の義務教育を創造する」（平成17年10月）
・「小学校学習指導要領」「中学校学習指導要領」（平成20年3月）

論文の構成立てをする

序論　「特色ある学校づくり」が求められる背景
本論①**学校や地域の実態に基づく自校の特色ある教育課程の策定**
　◆　学校や地域の実態と教育改革の動向等を把握し、学校管理職としてのリーダーシップを発揮して、自校ならではの特色ある教育活動を全教職員の参画のもとに策定する。
②**特色ある教育課程の編成・実施の具体化**
　◆　特色ある教育課程の編成・実施を学校経営の方針の中軸に位置付ける。
　◆　特色ある教育課程の編成・実施に向けて学校協働体制、設備、

予算等を整備する。

　③**特色ある学校づくりに向けた保護者、地域の理解と協力**
　◆　特色ある学校経営計画を保護者、地域の人々等に説明し、理解と協力を求める。

結び 我が校ならではの「特色ある学校づくり」を推進する意欲

> **キーワード**
> 学校選択制　特色ある学校づくり　校長のリーダーシップ　保護者・地域の人々の参画

模範解答

　近年、教育改革が急ピッチで進行する中、各学校が、学校、地域の実態を的確に踏まえ、その学校ならではの、特色ある学校づくりを推進することが強く求められ、その文脈の中から、多くの自治体で学校選択制の導入が図られつつある。

　現任校においても、特色ある学校づくりとして、市教育委員会の二学期制の導入にあわせて、午前５時間制の実施、帯による午前15分の朝読書、午後10分のくり返し学習タイムの設定等を実施してきており、徐々にその成果が表れるようになってきているところである。

　そこで、本課題である、こうした特色ある学校づくりを学校経営の柱にするための基本戦略について、現任校の実践を踏まえて以下のように考えている。

1　学校や地域の実態に基づき、自校ならではの特色ある教育課程の策定にリーダーシップを発揮する。

　特色ある学校づくりは、自校が抱えている教育課題の解決、「生きる力」の育成、時代が求める教育改革からの要請から生み出されるものである。

そこで、全教職員参画のもと、校長がリーダーシップを発揮し、学校、地域の実態や、教育改革の動向等の的確な把握を通して、自校ならではの特色ある教育活動を策定し、教育課程に位置付けることが何よりも重要である。その際、保護者、地域の人々の要望等を十二分に聞くようにし、そうした声を教育課程に反映できるものは反映させることが必要である。

2　特色ある教育課程の編成・実施を、学校経営方針の中軸に位置付け、その実現に向けた組織体制、予算等の整備を行う。

　策定した自校ならではの教育課程を、学校経営方針の中軸に据え、その方針を全教職員に提示し共通理解を図るとともに、全教職員が協働してその実現に向けて関われるよう組織体制をつくり上げ、予算や施設設備、備品等も重点化するようにする。

3　特色ある学校づくりに向け、保護者、地域の人々の参画を求める。

　現任校で午前5時間制を実施した際、何度となく保護者や地域の人々に説明をしたことを思い出すが、特色ある学校づくりに向けて、保護者、地域の人々の理解と協力は欠かせない。保護者、地域の人々の評価も含め、特色ある学校づくりに積極的な参画を求めたい。

　以上のような取組みを通して、我が校ならではの「特色ある学校づくり」を進め、保護者、地域の人々から信頼され、誇りに思われる学校をつくり上げるべく、校長として全力を傾注する所存である。

05 学校経営⑤

組織を生かした学校経営

> 各学校においては、教育課程編成・実施上の課題のほか、危機管理対策など学校経営における様々な学校課題があり、それらを解決するためには、校長の強いリーダーシップに基づき、組織を生かした学校経営を行うことが求められています。あなたは、このことをどのように考え学校経営にあたるか、自校の学校課題を例にして具体的に述べなさい。
>
> （平成21年度　北海道校長）

テーマを捉える

1 それぞれの学校の「学校力」が問われている

　中教審答申「新しい時代の義務教育を創造する」（平成17年10月）では、「学校の教育力」＝「学校力」を高め、「生き生きと活気あふれる学校の実現」に向けて、新たな学校組織運営の見直しを強く求めている。また、文部科学省の「義務教育諸学校における学校評価ガイドライン」（平成18年3月）でも、「各学校が、自らの教育活動その他の学校運営について、目指すべき成果やそれに向けた取組について目標を設定し、その達成状況を把握・整理し、取組の適切さを検証することにより、組織的・継続的に改善する」として、それぞれの学校が、自らの学校運営について自律的・継続的・組織的に改善を図るよう求めている。

2　組織を生かす

　近代組織論の基礎を築いたアメリカのバーナードは、組織を成立させる条件として、①共通の目的、②協働、貢献への意欲、③コミュニケーションの三つの要素を挙げている。学校にあっては、目指すべき目標を教職員が共有化し、その目標実現に向けてそれぞれがその使命、役割を意識しつつ意欲的に協働すること、そのための教職員間の十分なコミュニケーション（上から、下から、そして水平的）が必要であり、このことへの校長のリーダーシップは極めて重要である。この組織成立の三要素、目的、意欲、コミュニケーションの三つを視点にして、自校が抱える学校経営上の課題を把握する必要がある。

＜読んでおきたい準拠資料＞

- 「教育改革国民会議報告——教育を変える17の提案」（平成12年12月）
- 中央教育審議会答申「新しい時代の義務教育を創造する」（平成17年10月）

論文の構成立てをする

序論 ①組織を生かした学校経営が求められる背景
　　　②自校が抱える学校経営上の課題

本論 ①目指すべき学校像の提示とその具体化に向けた協働組織体制の確立

- ◆　目指すべき学校像を「楽しく生きる手応えを感じる学校」、「明るく活力に満ちた学校」と設定し、教職員の共通理解を図る。
- ◆　目指すべき学校像の具体化に向け、各教職員のよさを生かした特色ある教育活動への実践の仕組みを整える。

② P-D-C-A のサイクルに沿った教育活動の展開
◆ 子どもたちが主体的に学習に取り組むよりよい授業づくりに向けて、全教職員が協働し実践する体制を確立する。
◆ Plan-Do-Check-Action のサイクルに沿った教育活動を展開しその充実を図る。

結び 組織を生かした学校経営への校長としての意気込み

> **キーワード**
> 学校評価　学校関係者評価　明るく活力に満ちた学校風土の形成
> 学校経営構想　学びへの手応え　達成状況の点検評価

模範解答

　中教審答申「新しい時代の義務教育を創造する」（平成17年10月）では、「学校の教育力」＝「学校力」を高め「生き生きと活気あふれる学校の実現」に向けて新たに学校組織運営の見直しを強く求めている。また、「義務教育諸学校における学校評価ガイドライン」でも、自らの教育活動その他の学校運営について、その達成状況を把握・整理し、検証することにより、自律的・継続的・組織的に改善を図るよう求めている。

　そうした中にあって、昨年度の現任校の学校評価で、日々の授業で学習に意欲を示さず、宿題を全くやってこない児童が少なからずいるという実態が明らかになり、学校関係者評価でも、明るさや元気さにやや欠け、生き生きした子どもらしさが見られなくなってきているのではないかという指摘を受けた。子どもたちにとって、学校は本来楽しいものであるにもかかわらず、そう思えない子どもたちが少なからずいるのが自校の実態である。こうした実態を踏まえ、校長として、「楽しく生きる

手応えを感じる学校」「明るく活力に満ちた学校」を学校経営の柱に位置付け、教職員組織を生かし、リーダーシップを発揮して、次のような取組みを行っていく所存である。

　子どもたちが生き生きと学習し生活する学校であるためには、学校の教師集団そのものが意欲と活力に満ち、明るく元気な学校でなければならない。そうした明るく活力に満ちた学校風土を形成するために、まず、「楽しく生きる手応えを感じる学校」「明るく活力に満ちた学校」を学校経営の柱にした学校経営構想を教職員に十分説明し、理解と協力を求めると共に、教頭、教務主任、生徒指導主任と相図って一人ひとりの教職員のよさが生きる我が校らしい特色ある学校教育活動を策定し、実践する仕組みを整えたい。

　次に、日々、子どもたちが「楽しかった」「わかって嬉しい」「自分にもできた」という達成感、充実感、学びへの手応えを感じるよりよい授業づくりを一層推進したい。

　自校では、これまで、朝の始業前15分を漢字や計算練習のための学習タイムとして設定し、基礎基本の定着を図ってきたが、この学習タイムを、学習内容の精査を通して一層充実させるとともに、子どもたちが主体的に学習活動に取り組み、学びの手応えを感じることのできる、よりよい授業づくりに向けて、教材開発や学習指導計画作成など、教務主任を中心に、全教職員が協働し実践する体制をつくり上げる。さらに、学期毎に、全教職員による達成状況の点検評価を実施し、これらの教育活動の改善充実につなげたいと考える。

　子どもたちが登校することを楽しみにする明るい活力に満ちた学校をつくり上げたい。そうした、日々子どもたちが学びの手応えを感じる生き生きとした学校をつくり上げることこそ校長としての使命と考え、教職員の先頭に立って努力する所存である。

06 学校経営⑥

各学校の責任と現場主義の重視

> 　教育課程の編成・実施にあたって、「各学校の責任と現場主義の重視」は、今回の教育課程改訂で新たに示された改善点の一つです。
> 　あなたは校長として、このことをどう捉え、この趣旨の実現に向けてどのようにリーダーシップを発揮して取り組みますか。現任校の実態を踏まえ具体的に述べなさい。　　　　（想定問題）

テーマを捉える

1　「学校の責任と現場主義の重視」とは何か

　「教育課程編成・実施に関する各学校の責任と現場主義の重視」は、今期教育課程改訂における基本的な枠組みの改善点の一つである。これは、「はどめ規定」の見直しなど、大綱的な基準である学習指導要領に従いつつも、学校の裁量と責任において、学校の実態を十分踏まえた適切な教育課程を編成し、創意工夫を活かした特色ある教育活動を展開することが可能であることを示したものである。

　このような現場主義の重視は、各学校がその責任を全うすることを求めるものであり、各学校の創意工夫の検証が不可欠であることはいうまでもない。そのためには、全国学力・学習状況調査や学校評価、学校関係者評価などを活用し、成果を確かめ、さらに改善を図ることが求めら

れている。

2 「学校の責任と現場主義の重視」をどのように具体化するか

本設問で、問われていることは、①学校の実態を踏まえた特色ある教育活動の展開とそのことに対する学校の責任を求めた「各学校の責任と現場主義の重視」の趣旨を捉えているか。②校長として、学校等の実態を踏まえた学校経営ビジョンを策定し、その具現化に向け、どのようにリーダーシップを発揮するか。の2点である。このことについて、学校の実態を踏まえ、具体的に述べる必要がある。

＜読んでおきたい準拠資料＞
・中央教育審議会答申「幼稚園、小学校、中学校、高等学校及び特別支援学校の学習指導要領等の改善について」（平成20年1月17日）

論文の構成立てをする

序論「学校の責任と現場主義」をどう捉えるか
本論①「確かな学力育成」を中核にした学校経営ビジョンの策定
◆ 「確かな学力育成」を学校経営の中核に据えた学校経営ビジョンを策定・提示して、教職員、保護者、地域の人々への理解と協力を求める。
②「確かな学力育成」具現化に向けた組織及び研究体制の整備
◆ 「確かな学力育成」に向け、少人数指導、時間割を見直し、校内研究の活性化などの具体化を図る。
③「確かな学力育成」に向けた家庭への理解と協力の要請
◆ 学習意欲の向上、学習習慣の確立に向けた家庭への理解と協力を要請する。

結び 我が校ならではの学校づくりへの意欲

キーワード

「リーダーシップとは、身分でも、特典でも、肩書きでもなく、責任能力である」（コリン・パウエル）　学校の責任と現場主義　校長のリーダーシップ　確かな学力の育成　学校経営ビジョン　学習意欲の向上と学習習慣の確立

模範解答

　「リーダーシップとは、身分でも、特典でも、肩書きでもなく、責任能力である。」とは、かつて、湾岸戦争を指揮し、ブッシュ政権の国務長官であったコリン・パウエル氏の言葉である。この言葉を借りれば、校長のリーダーシップとは、自校の教育課程編成・実施に責任を持つことであり、実態を踏まえた創意工夫ある教育活動を展開し、我が校ならではの学校をつくり上げることである。そのことが「学校の責任と現場主義の重視」の趣旨と考える。

　こうした趣旨を踏まえ、我が校ならではの特色ある学校づくりに向けて、校長としてリーダーシップを発揮して次のような取組みを展開したい。

　まず、第一は、「確かな学力の育成」を中核にした学校経営ビジョンの策定である。

　「子どもたちに確かな学力を身に付ける」は、学校存在の第一義である。現任校においては、数年前から、特色ある学校づくりとして、市教育委員会の２学期制の導入にあわせて、午前５時間制の実施による授業コマ数の増加、帯による午前15分の朝読書、午後10分の学習タイムの設定などによる「学力向上プログラム」を推進してきているが、これに倣

い、配属された学校においても、「確かな学力の育成」を学校経営の中核に据えた学校経営ビジョンを策定・提示して、教職員、保護者、地域の人々の理解と協力を求めたい。

　次に、「確かな学力の育成」に向けた教育課程及び研究体制の整備である。

　少人数指導や補充・深化・発展のための時間割編成など、「確かな学力の育成」具現化に向け、教務主任を中心にカリキュラムを作成するとともに、授業研究を軸に校内研究活動を活性化し、教職員相互が切磋琢磨する学校風土を形成して、個々の教職員の指導力向上に努めたい。

　さらに、子どもたちの「確かな学力の育成」に向けて家庭へ働きかけ、理解と協力を求めることである。

　学習意欲の向上と学習習慣の確立は「確かな学力」育成の大きな要素である。そのための家庭の果たす役割は大きい。継続的な家庭学習など、学習意欲の向上と学習習慣の確立に向けて、家庭への理解と協力を求めていきたい。

　教育課程編成・実施の「学校の責任と現場主義の重視」は、常に成果を検証し、改善を図ることが求められている。全国学力・学習状況調査結果や、学校評価等をもとに、我が校ならではの学校づくりに一層努力していく所存である。

07 学校経営⑦ 学校評価ガイドラインの改訂と信頼される学校づくり

➡関連テーマ解説はp.25へ

> 改正学校教育法、同施行規則は、学校の自己評価と学校関係者評価の実施と公表、評価結果の設置者への報告等、を求めており、平成22年7月には、「学校評価ガイドライン」が改訂されました。あなたは校長として、このことをどのように捉え、学校評価にどう取り組み学校経営を進めていきますか。具体的に述べなさい。
>
> （想定問題）

テーマを捉える

●学校評価、学校関係者評価等に取り組む上での留意点

　平成22年7月に改訂された「学校評価ガイドライン」は、学校評価について、各学校の教職員が行う自己評価、その自己評価結果を保護者・地域住民等の学校関係者などが評価する学校関係者評価、そして、第三者評価と呼ばれる、学校と直接関係を有しない専門家等による客観的評価の3点に整理している。これら学校評価の趣旨は、自らの教育活動や学校運営について、その達成状況を把握することにより学校運営を改善し、その結果の公表を通して、保護者、地域住民の学校運営に対する理解を得て、より信頼される開かれた学校づくりを推進するところにある。こうした趣旨を十分に踏まえ、校長としてのリーダーシップを発揮して、

Plan-Do-Check-Action の学校評価システムを構築し、組織的、継続的に学校評価を実施していくことが強く求められている。

具体的には、自己評価が、全教職員参画のもと組織的に実施されて学校改善につながり、学校関係者評価が、保護者や地域住民に開かれた、より信頼される学校づくりにつながる学校評価体制の仕組みを作り上げることが必要である。

＜読んでおきたい準拠資料＞
・学校教育法等の一部改正（平成19年6月）、学校教育法施行規則の一部改正（平成19年10月）
・「義務教育諸学校における学校評価ガイドライン」（文部科学省　平成18年3月27日）、「学校評価ガイドライン〔平成22年改訂〕」（文部科学省　平成22年7月20日）

論文の構成立てをする

序論「学校評価ガイドライン」改訂の背景と概要
本論①**全教職員参画のもと、組織的・計画的に学校評価を実施する体制の確立**
◆　学校評価の中心的役割を果たす校内学校評価委員会を設置する。
◆　自己評価を計画的に実施し、結果を公表するとともに改善点を提示する。
②**学校改善に生きる学校関係者評価実施体制の確立**
◆　学校評議員、保護者、地域住民等からなる学校関係者評価委員会を設置する。
◆　自己評価に対する学校関係者評価を実施し、公表及び改善点を提示する。

③学校評価の改善点を踏まえた次年度の学校教育計画の策定
◆ 自己評価、学校関係者評価での改善点等を公表するとともに、学校運営改善に向けて全教職員で実践する。

結び 学校評価を学校改善に生かす意気込み

> **キーワード**
> 自己評価　学校関係者評価　「学校評価ガイドライン」　Plan-Do-Check-Actionの学校評価システムの構築

模範解答

　学校評価については、これまでくり返しその必要性が指摘され、平成19年6月、学校教育法等が改正されて、学校評価とそれに基づく改善、学校の情報の積極的な提供を行うよう新たに規定された。平成20年1月には「学校評価ガイドライン」が改訂され、学校評価について、各学校の自己評価、その自己評価結果を保護者・地域住民等の学校関係者などが評価する学校関係者評価、そして、第三者評価の、学校と直接関係を有しない専門家等による評価の3点に整理されたところである。さらに、平成22年7月の改訂では、学校の第三者評価のあり方に関する記述をさらに充実している。

　これら学校評価を実施する意義は、自らの教育活動や学校運営について、その達成状況を把握することにより学校運営を改善し、その結果の公表を通して、保護者、地域住民の学校運営に対する理解を得て、より信頼される開かれた学校づくりを推進するところにあるが、現任校にあっては、従前から、年度末反省として自己点検、自己評価を行っていても、その主体は、教頭、教務主任等一部の教員が中心であり、その結果を公表して十全に学校改善に生かすところまでに至っていない。さら

に、学校関係者評価も準備中である。

　こうした現任校の実態を踏まえ、私は校長としてリーダーシップを発揮し、学校改善に結び付く学校評価となるよう、Plan-Do-Check-Actionの学校評価システムの構築、組織的、継続的な学校評価の実施に向けて全力を尽くす所存である。以下具体策を述べる。

　まず、第一に、学校評価を組織的・計画的に実施する校内体制を確立したい。

　そのために、評価計画の立案、資料の収集、結果の集計と分析等、学校評価の中心的役割を果たす「学校評価委員会」を教頭、教務主任、生徒指導主任を中核に設置していく。この委員会が先導して、目標、評価項目を示し、全教職員協議のもと、より明確で具体的な内容に精選し、評価結果が実感できるものに作り直すとともに、評価時期についても、年度末だけでなく、学期毎、あるいは、教育活動終了時など、評価内容によって意味ある時期に計画的に実施するよう取り組み、改善点を明らかにしていきたいと考えている。

　次に、自己評価結果を点検評価する学校関係者評価実施体制を組織する。学校評議員、保護者、地域住民、接続学校関係者の代表各１～２名に依頼して学校関係者評価委員会を設置し、先に行った学校の自己評価に対する学校関係者評価を実施し、学校改善点を明らかにし、公表をする仕組みを作る所存である。

　さらに、こうした自己評価、学校関係者評価に基づく改善点を次年度の学校教育計画に生かす取組みである。

　学校評価は、学校改善に生かされてこそその意味がある。自己評価、及び学校関係者評価によって明らかになった改善事項を、学校説明会や、学校便り、ホームページ等で明らかにするとともに、学校改善の方針を示し、全教職員で実践していく。そうした取組みが、保護者や地域に開かれた、信頼される学校づくりに結び付くものと考えている。

08 学校経営⑧ 学校危機管理体制の確立

➡関連テーマ解説は p.37へ

> 児童生徒の重篤な事故や事件が多発する中で、「学校の危機管理マニュアル」の作成、「学校保健法」の「学校保健安全法」への改正などがなされ、各学校における児童生徒の安全確保、学校の危機管理体制の確立は喫緊の重要な課題です。あなたは、教頭として、児童生徒の安全確保、学校の危機管理体制に対してどのように取り組みますか。現任校の実態を踏まえて具体的に述べなさい。
>
> （想定問題）

テーマを捉える

1 児童生徒の安全をどう確保するか

児童生徒が被害に遭う重篤な事件・事故等が多発しており、そうした事件・事故の未然防止と児童生徒の安全確保を図ることは喫緊の重要な課題となってきている。そうした状況を踏まえ、文部科学省は、平成19年に「学校の危機管理マニュアル」を改訂し、「学校保健法」を50年ぶりに改正して、「学校保健安全法」（平成20年6月）と改めた。

「学校の危機管理マニュアル」では、実効ある学校マニュアルの策定、教職員の危機管理意識の高揚など、「学校保健安全法」では、学校における総合的な安全計画の策定など、安全・安心な学校づくりへの主体的

で具体的な取組みを求めている。

2　本問では何が問われているのか

本設問で問われていることは、児童生徒の安全確保、安全・安心な学校づくりに向けて、「学校保健安全法」が改正された趣旨を十分に把握しているか。第二に、児童生徒の安全管理、危機管理体制の確立について、現任校の実態を踏まえた教頭としての具体的な方策を有しているかである。

論文作成にあたっては、それらの設問の趣旨を捉え、現任校のこれまでの安全への取組みを踏まえ、教頭としての立場を明確にして具体的に述べる必要がある。

＜読んでおきたい準拠資料＞
・「登下校時における幼児児童生徒の安全確保について」（文部科学省通知　平成17年12月）
・中央教育審議会答申「子どもの心身の健康を守り、安全・安心を確保するために学校全体としての取組を進めるための方策について」（平成20年1月）
・「学校保健安全法」（平成20年6月）

論文の構成立てをする

序論 学校の危機管理とは何か
本論① 教職員の危機管理意識の高揚
　◆　毎月、全教職員での校舎内外の巡回と安全点検を実施する。
　◆　様々な学校での事故や事件、災害に対する事例研究等の研修を通して教職員の危機管理意識を高める。

②**安全・安心な学校づくりに向けた校内体制を確立**
◆ いわゆる「ホウレンソウ」といわれる校内情報ルートを確立する。
◆ 全教職員による校内の「危機管理マニュアル」の見直しを行う。

結び 子どもたちの安全と安心を守ることこそ教師の第一義、学校危機管理体制の確立に向けての意欲

> **キーワード**
> 学校危機管理システムの構築　危険予測、危機回避能力の育成　保護者、地域ぐるみの安全確保づくり　危機管理マニュアルの作成　学校事故等の組織的対応　情報ルートの確立

模範解答

　今日、学校内外における様々な事故や事件が多発する中、学校の危機管理体制の確立が強く求められている。

　学校の危機管理とは、学校内外に潜在的、顕在的に存在する危機を未然に防ぎ、不幸にも事故等が起きたときにどう組織的に適切に対応するかということであるが、こうした体制を作り上げるためには、校長のリーダーシップのもと、①学校危機管理システムの構築、②児童の危険予測、危機回避能力の育成、③保護者、地域ぐるみの安全確保づくりが必要である。とりわけ、①の「学校危機管理システムの構築」は、学校危機管理の中核をなすものであり、そのことについて以下、具体的に述べる。

1　教職員の危機管理に対する意識の高揚

　学校では、様々な出来事が起きるが、その出来事がその出来事だけで終息するのか、あるいは、さらに大きな問題へと発展するのかといった、危機に対する予測や察知する感覚は、我々教師にとって極めて重要な能

力である。こうした能力は、生来備わった能力ではなく、自らの体験や事例研究等を通して身に付くものであると考える。

　現任校では、校長の指導のもと、月一度の安全日に、校舎内外の安全点検と合わせて、様々な学校で起きた事故や事件、災害に対する事例研究を行っているが、このような実践は、教職員個々の危機に対する鋭敏な感覚を磨くとともに、危機に直面したときの対応の仕方をも身に付けることができるものである。

2　危機管理マニュアルの作成及び安全・安心な学校づくりに向けた校内体制の確立

　「ホウレンソウ」を大切にせよとよく言われる。すなわち、上司への報告と連絡を絶やさず、何かあったら上司によく相談せよという情報ルートの確立は、事故や事件の発生に対して組織的に対応するために、学校の危機管理という視点から極めて重要である。

　年度当初、現任校では、学校内外で想定される事件や事故を未然に防ぐための方策、不幸にも発生した場合の初期対応のあり方等を、時系列に、個々の役割分担も含めて記載した危機管理マニュアルの見直しを図っているが、このことは、学校事故等の組織的対応や情報ルートの確立と相まって、学校の危機管理システム構築に大きな役割を担っている。

　学校が、子どもたちにとって安全で安心な場であるというこれまでのイメージが徐々に崩れつつある今日、子どもたちの安全と安心を守ることこそ我々教師の第一義と考え、以上述べた具体策をさらに推し進め、学校危機管理体制の確立に向け一層努力する所存である。

09 学校経営⑨ 小学校と中学校との連携

➡関連テーマ解説
は p.26へ

> 今日、いわゆる「中1ギャップ」と言われる小学校と中学校との接続が円滑にいかないことによる生徒指導上の問題が大きな課題となっています。あなたは、校長としてこのことをどのように考えますか。あなたの考えを述べなさい。その上に立って、その問題に対してどのように取り組んでいきますか。あなたの校種に応じた対応を現任校の実態を踏まえて具体的に述べなさい。　（想定問題）

テーマを捉える

1　小学校と中学校との連携

　中教審答申「幼稚園、小学校、中学校、高等学校及び特別支援学校の学習指導要領等の改善について」（平成20年1月）は、小・中学校の円滑な接続について、「思春期に入り、学習内容も高度化する中学校は、小学校段階に比べ、授業の理解度が低下したり、問題行動が増加するといった多くの教育課題を抱えている。このため、生徒が順調に中学校生活を始めることができるよう小学校と中学校との円滑な接続が極めて重要」として、学習と生活の両面にわたる小・中学校を見渡した効果的な指導をするよう、各学校に求めている。

2　小学校と中学校との連携をどう具体化するか

　これまでも、小学校から中学校への滑らかな接続が求められてきたが、子どもたちにとって6・3という学校制度の段差は依然として大きく、不登校を例にしても小6から中1にかけての増加率は約3倍で、その差はなかなか縮まらないのが実情である。

　こうした中1ギャップを起こさないためには、小学校6年は小の教師、中学校3年は中の教師と分けず、一人ひとりの子どもたちの9年間を小・中学校の教師が共通の目で見守り育てるという意識を持つことがまず必要である。その上に立って、小・中学校でのそれぞれの教育活動を充実させつつ、小・中連携に向けた具体的な取組みを積極的に展開することが重要である。

＜読んでおきたい準拠資料＞
・中央教育審議会答申「幼稚園、小学校、中学校、高等学校及び特別支援学校の学習指導要領等の改善について」（平成20年1月17日）

論文の構成立てをする

序論 小・中連携が求められる背景と具体的な課題
本論 ①中学校を中核にした小・中連携指導体制の確立
　　◆　各校の管理職及び教務主任等による連携委員会を組織し、小・中連携に向けての共通指導目標及び連携基本計画を作成する。
　　◆　連携基本計画に沿って、合同行事の実施、中学校への体験授業の参加、校種間の出前授業等、小・中交流活動を実施する。
　②中学校との滑らかな接続を視野に入れた小学校教育の充実
　　◆　基礎・基本の確実な定着を図るとともに、基本的な生活習慣及

び学習習慣を確立し、「あいさつ運動」「地域清掃活動」など、小・中合同で活動を設定し、積極的に取り組む。

◆ 第5・6学年で教科担任制を導入し、各教科の系統性、専門性及び中学校との連続性を意識した指導計画を作成し指導する。

結び 小・中連携に向けた学校組織体制の整備への意欲

> **キーワード**
> 「中1ギャップ」　小・中一貫教育課程　小学校における教科担任制

模範解答

　中教審答申（平成20年1月）は、「学校段階間の円滑な接続」にかかわる小・中学校の連携について、「思春期に入り、学習内容も高度化する中学校は、小学校段階に比べ、授業の理解度が低下したり、問題行動が増加するといった多くの教育課題を抱えている。このため、生徒が順調に中学校生活を始めることができるよう小学校と中学校との円滑な接続が極めて重要」として、学習と生活の両面にわたる小・中学校を見渡した効果的な指導が求められるとしている。これまでも、小学校から中学校への滑らかな接続が求められてきたが、子どもたちにとって6・3制という学校制度の段差は依然として大きく、その差がなかなか縮まらないのが実情である。例えば、不登校の場合、最も多いのは中学3年生ではあるが、増加率から言えば、小6から中1にかけてがほぼ3倍と激増する。こうした中学生になって中学校の学習や生活の変化に適応できず不登校やいじめが増えるといった、いわゆる「中1ギャップ」が今日、大きな教育の課題である。

　子どもたちが「中1ギャップ」を起こさず、生き生きと充実した中学

校生活を送るためには、小学校6年間は小学校の教師、中学校3年間は中学校の教師と区切らず、一人ひとりの子どもたちの9年間を小・中学校の教師が共通の目で見守り育てるという意識を持つことがまず必要である。その上に立って、小・中学校でのそれぞれの教育活動を充実させつつ、小・中連携に向けた具体的な取組みを積極的に展開することが重要である。

私は小学校長として、接続する中学校の校長と連携協力して以下のような取組みを行い、中1ギャップを起こさない子どもたちを育てるべく鋭意努力していく所存である。

まず、中学校を中核にして小・中連携指導体制を確立することである。中学校には複数の小学校から進学することが一般的であることから、中学校の校長が小・中連携のイニシアチブをとり、各小学校の校長が積極的に協力する体制がベストと考えている。そこで、進学先の中学校を中核にして各小・中学校の管理職及び教務主任、生徒指導主任による連携委員会を設置し、小・中連携にあたっての教育課程上、生徒指導上の課題と対応策を明らかにしつつ、小・中連携に向けての共通の指導目標及び連携基本計画を作成したい。ここで作成された連携基本計画に沿って、小・中学校合同行事の実施、中学校への体験入学、体験授業の参加、中学校教員による小学校への出前授業、小学校、中学校それぞれの教師の授業相互参観等、小・中交流活動を具体的に実施していく。

次に、中学校との接続を視野に入れた小学校教育の充実である。少人数指導等により個に応じたきめ細かい指導を行い、基礎・基本の確実な定着を図るとともに、基本的な生活習慣及び学習習慣を確立し、「あいさつ運動」「地域清掃活動」など、小・中合同で取り組む活動を設定し、積極的に取り組んでいきたい。また、第5・6学年で教科担任制を導入し、各教科の系統性、専門性及び中学校との連続性を意識した指導計画を作成し指導にあたるよう、学校組織体制を整えたいと考える。

10 特別支援教育の校内体制づくり

学校経営⑩

➡関連テーマ解説
は p.27へ

> 特別に支援を要する子どもたちのための校内体制づくりが求められています。このことについて、あなたは教頭としてどのように取り組んでいくか、現任校の実態を踏まえ、具体的に述べなさい。
>
> （想定問題）

テーマを捉える

1 特別支援教育の基本的な考え方

　平成19年4月1日から、「学校教育法等の一部を改正する法律」が施行され、これまでの盲・聾・養護学校が特別支援学校に、小・中学校の特殊学級が特別支援学級にという転換が図られ、特別支援教育を一層推進する体制と仕組みが整備されることとなった。

　特別支援教育は、障害がある幼児児童生徒の自立や社会参加に向けた主体的な取組みを支援するという視点に立って、個々の教育的ニーズを把握し、その持てる力を高め、生活や学習上の困難を改善または克服するため、適切な指導及び必要な支援を行うものである。

2 特別支援教育を各学校でどう具体化するか

　平成19年4月1日付文部科学省初等中等教育局長「特別支援教育の推

進について（通知）」には、学校における特別支援教育を行うための体制整備を次のように示している。

　校長のリーダーシップの下、全校的な支援体制を確立し、障害のある幼児児童生徒の実態把握や支援体制の検討を行うための「特別支援教育に関する校内委員会の設置」、特別な支援を必要とする幼児児童生徒の存在や状態を確かめるための「実態把握」、各学校の特別支援教育推進のため、校内委員会や研修の企画・運営、関係諸機関との連絡・調整、保護者との相談窓口等の役割を担う「特別支援教育コーディネーターの指名」、関係機関と連携を図った「『個別の教育支援計画』の策定と活用」、一人ひとりの障害の状況に対応した指導を進めるための「『個別の指導計画』の作成」、特別支援教育に関する「教員の専門性の向上」を図るための研修の充実などである。示されたこれらの特別支援教育の取組みについて、現任校の実態に即してそれぞれ具体化していく必要がある。

＜読んでおきたい準拠資料＞
・中央教育審議会答申「特別支援教育を推進するための制度の在り方について」（平成17年12月）
・「特別支援教育の推進について」（文部科学省初等中等教育局長通知　平成19年4月1日）

論文の構成立てをする

序論 現任校における特別支援教育の実態
本論①特別支援教育の基本的な考え方についての全教職員の共通理解
　　◆　個々の自立と社会参加への支援という特別支援教育の理念について、全教職員の共通理解を図る。

②校内特別支援教育体制の確立

- ◆ 特別支援教育コーディネーターを指名する。
- ◆ 特別支援教育を校内全体で推進する校内委員会を設置する。
- ◆ 個々に応じた「個別の教育支援計画」を作成し、全校で支援する体制を築く。

結び「自立」と共生のもと、特別支援教育の推進に向けた意気込み

> **キーワード**
> LD　ADHD　高機能自閉症　特別支援教育コーディネーター　個別の教育支援計画　自立と共生

模範解答

　平成19年度以降、特別支援教育は、改正学校教育法等で法的に明確に位置付けられ、軽度の障害も含めて特別な支援を必要とする全ての児童生徒の自立と社会参加に向けた主体的な取組みを支援する新たな制度としてスタートした。

　現任校にあっては、ここ数年、知的な発達の遅れはそれほど見られないものの教師の話を集中して聞けない、すぐ席を離れて立ち歩き、時には外へ飛び出す、おしゃべりが多く急に大声を出すなど、LD、ADHD、高機能自閉症と思われる児童が増えつつあり、そうした児童への対応に苦慮し、学級が正常に機能しないケースも出てきている。にもかかわらず、こうした配慮を要する子どもたちへの対応は、未だ直接関わる担任等の個々の課題になってしまっており、校内全体でどう指導体制を作っていくかが喫緊の重要な課題である。こうした実態等を踏まえ、私は教頭として、校長の意を体しつつ、次のような取組みを通して特別に支援を要する子どもたちへの全校指導体制を確立していきたいと

考えている。

　まず、特別支援教育の基本的な考え方について全教職員の共通理解を図ることである。現任校においては、今なお、「特殊教育から特別支援教育へ」という基本理念の転換や障害がある児童の教育を自分の問題と受け止めない教職員が少なからず存在する。改めて、改正学校教育法等の趣旨を含め、これからの特別支援教育は、特別な支援を要する全ての子どもたちを対象に、個々のニーズに応じた適切な教育を行い、個々の自立と社会参加に向けた取組みを支援することであるという理念について、全教職員の共通理解を図りたい。

　次に、校内特別支援教育体制を確立することである。

　そのために、校長の指導のもと、特別支援教育コーディネーターを指名し、本校の特別支援教育の推進役として、保護者への対応窓口や特別支援学校や関係諸機関等との連絡・調整等に当たらせたい。また、校長、教頭、教務主任、生徒指導主任、特別支援教育コーディネーター、養護教諭等からなる、特別支援教育に関する校内委員会を設置し、この委員会が中心となって、障害のある児童の実態調査や研修会、支援方策の検討等を行い、特別支援教育を校内全体で推進する体制を整えていきたいと考える。さらに、この校内委員会が中心となり、専門家等の助言を得ながら、個々の障害に応じた「個別の教育支援計画」を作成して、一人ひとりに応じた適切な教育支援を行い、障害のある児童を担任等が一人で抱え込まず、全校で見守り支援する体制を築いていきたいと考えている。

　「自立と共生」こそ、これからの時代に求められるテーマである。その実現に向けて、教頭として、まずは、校内における特別支援教育の一層の推進に努力する所存である。

11 学校経営⑪

信頼される学校づくり

➡関連テーマ解説
は p.38へ

> 各学校においては、地域に信頼される学校づくりを推進するため、保護者や地域住民に説明責任を果たす中で学校運営の改善を進めるとともに、直接児童生徒の教育に携わる教職員の資質・能力の向上や服務規律の厳正な保持が求められています。あなたは、このことをどのように考え、どのようにリーダーシップを発揮して学校経営にあたるか、現任校の実情も踏まえて具体的に述べなさい。
>
> （平成22年度　北海道校長）

テーマを捉える

1　学校組織をマネジメントする管理職の四つの役割

　保護者や地域から信頼される質の高い学校づくりを進めるためには、学校組織をマネジメントする校長としての力量が必要である。そのことについて、文部科学省の「学校組織マネジメント研修」のモデル・カリキュラムでは、校長に期待される役割として、次の四つを例示している。校長としての強い使命感と責任感を基本姿勢に、①学校ビジョンの構築（学校教育目標の実現に向けて取り組むべき重点事項を明確にし、実現のシナリオを描く役割）、②環境づくり（学校教育目標の実現に向けて、学校内外の「人的資源」「物的資源」等の諸資源を最も効果的に活かす

ための組織づくりや環境整備をする役割)、③人材育成(学校の各種活動を通じて、自らと教職員の能力を向上させ、人としての成長を促進させる役割)、④外部折衝(学校の各種活動を効果的・効率的に進めるため、学校外部に理解を求め、外部との協働ネットワークを築く役割)である。信頼される学校づくりに向けては、現任校の実態と、これら四つの校長としての役割を踏まえた論述が期待される。

2 保護者や地域から信頼される学校づくりをどう構想し、具体化するか

　保護者や地域から信頼され、子どもたちが誇りとする学校をつくりあげること、そのことが学校管理職に求められる最も重要な使命と責任である。そうした学校をどう構想し、具体化するか。そのために、何よりも重要なことは、学校の実態を十分踏まえた上で、自ら理想とする学校のビジョンを鮮明に打ち出すことである。そして、その学校ビジョンを高く掲げ、教職員を始め、保護者、地域の人々に理解と協力を求めるとともに、その具現化に向けて、校長としてのリーダーシップを発揮して、Plan-Do-Check-Action のサイクルを学校運営の基本に置き、組織として協働して取り組む体制を築くことが必要である。

論文の構成立てをする

序論 目指すべき学校ビジョン構築の必要性と現任校の実態
本論 ①学校ビジョンを構築し、教職員、保護者等と共有化を図る取組み
　　◆ 学校や地域の実態、学校評価、学校関係者評価を踏まえた学校ビジョンを策定し教職員と共有する。具現化に向けた道筋も明確にする。
　　◆ Plan-Do-Check-Action の組織マネジメント手法を学校教育活動へ適用し、主幹教諭を生かして組織的、機動的な分掌組織を確

立する。

②教職員の能力開発と資質の向上に向けた取組み
- ◆ 新たな教職員評価制度を活用して教員と積極的なコミュニケーションをとり、教職員の能力開発と指導力を向上する。
- ◆ 授業研究を軸にした校内研究で研究法を確立し、教職員相互が互いに切磋琢磨する学校風土を醸成する。

結び 保護者、地域から信頼される学校づくりに向けての校長としての意気込み

キーワード
学校経営ビジョン　説明責任　教職員の能力開発と資質の向上

模範解答

「活力に満ちた明るい学校」「子どもたちに夢と希望を抱かせる学校」「地域に開かれ、地域と歩み、地域の誇りとなる学校」、これは現任校の目指す学校像である。昨年度の年度末反省を踏まえ、現任校長が中心となって、数度にわたる教職員間での協議を通して設定し、保護者、地域にも説明をして理解と協力を求めてきたものである。こうした目指すべき学校像の教職員、保護者、地域の人々の共有化とその具現化に向けた学校教育活動は、現任校を確実に変えつつあり、学校への保護者、地域の信頼も高まりつつある。

私は、このような、保護者、地域に信頼され、子どもたちが誇りに思う学校をつくりあげることが、校長としての使命であり責任であると考えて、現任校の実践に学びつつ、以下のような取組みを展開するべく校長としてのリーダーシップを発揮していきたい。

まずは、学校ビジョンを構築し、教職員、保護者等と共有化を図る取

組みである。

　校長として、どのような学校をつくりあげるか、目指すべき学校ビジョンを鮮明に打ち出し、高く掲げることが重要である。そのためには、学校や地域の実態、学校評価、学校関係者評価を踏まえて学校ビジョンを策定し、教職員との十分な協議を通して、その共有化を図り、その具現化に向けた道筋を明らかにしていく。Plan-Do-Check-Action の組織マネジメント手法を全ての学校教育活動に適用するとともに、昨年度から配置されているミドルリーダーとしての主幹教諭を生かした、組織的、機動的な分掌組織をつくりあげたい。そして、教頭、主幹教諭を中心に教職員間のコミュニケーションを十分に図れる学校の雰囲気をつくり、明るく活力ある学校づくりに努めたい。

　次に、教職員の能力開発と資質の向上に向けた取組みである。

　一昨年度来導入されてきた新たな教職員評価制度は、自己申告と業績評価を柱とする能力開発型の教職員評価制度である。教員の自己申告と目標管理、校長、教頭による教員の授業観察および面談などを通して、教員との積極的なコミュニケーションを図り、教職員の能力開発と指導力向上に結びつけたい。また、教職員の指導力向上に向けて、校内研究を充実、活性化させていきたい。校内研究は、授業研究を軸にした実践的な研究でなければならない。研究主任を中心に、教材研究－学習指導計画作成－授業研究－授業評価－授業再構成という研究法を確立するとともに、これらを共同して実践することを通して、教職員相互が授業力向上に向けて互いに切磋琢磨する学校風土を醸成していきたい。

　保護者、地域から信頼され、子どもたちが誇りに思う学校をつくりあげることこそ、私の夢である。この夢の実現に向けて全力を傾注する所存である。

12 確かな学力を身に付けさせるための基本戦略

教育課程 ①

➡関連テーマ解説
は p.28へ

> 子どもたち一人ひとりに、確かな学力を身に付けさせることが求められています。あなたは、子どもたちの学力や学習状況の実態を踏まえ、校長として、子どもたちの学力の向上を図るために、どのように学校を経営していきますか。具体的に述べなさい。
>
> （平成21年度　埼玉県小・中学校長）

テーマを捉える

1 「確かな学力」とは何か、自分なりの「学力観」を明確化

　本設問は、学校管理職として学校教育法や学習指導要領で示された学力の定義、「①基礎的・基本的な知識及び技能、②これらを活用して課題を解決するために必要な思考力、判断力、表現力その他の能力、③主体的に学習に取り組む態度」を、自校の子どもたちの学力や学習状況の実態に即してどれだけ具体化できるか、と同時に、平成21年度まで３回にわたって悉皆で実施された全国学力・学習状況調査における自校の子どもたちの結果を、学校としてどう分析・活用しようとしているかをみようとするものである。こうした出題の背景を押さえ、自分なりの「学力論」を自分の言葉で具体化することが求められている。

2　「学力向上策」を学校経営の柱に位置付け、方策を具体化

　学校は組織である。組織の長としての校長が、子どもたちの学力の向上に向けて、どう教職員に働きかけ、どう組織として取り組んでいくかを学校の実態を踏まえて具体的に述べる必要がある。その際、学力調査等の結果を分析して、学力の要素である「基礎的・基本的な知識・技能」「思考力・判断力・表現力等」「学習意欲」の何が不十分なのかを明らかにし、教職員全体でその実態の共通理解を図ること、学力向上に向けて組織を挙げて取り組む具体的方策、例えば、教頭、教務主任、研究主任などに働きかけ、「学力向上」に向けた特別時間枠の設定や指導法改善充実に向けた授業研究を軸にしての校内研究活性化など、校長としてのビジョンを具体的に提示することが必要である。

　＜読んでおきたい準拠資料＞
・中央教育審議会答申「幼稚園、小学校、中学校、高等学校及び特別支援学校の学習指導要領等の改善について」（平成20年1月17日）

論文の構成立てをする

序論「学力」に対する基本的な考え方、及び全国・学力学習状況調査の結果をもとに明らかにした自校の実態

本論①児童生徒の学力の実態の正確な把握及び教職員の共通理解
- ◆　全国学力・学習状況調査の結果を分析し、自校の児童生徒の学力に関わる課題を明確にする。
- ◆　自校の児童生徒の学力の実態と課題について共通理解を図り、対応策を検討する。

②学びの手ごたえを感じる授業づくりに向けた組織化

- ◆ 基礎・基本の習得と活用力の育成を視点に指導計画を見直す。
- ◆ 「授業改善プロジェクトチーム」を立ち上げ、教材開発を含めた指導法の工夫改善を共有化する。

③教員の授業力向上に向けた取組み

- ◆ 学校経営の柱に校内研究の充実を置き、授業研究を軸にした校内重点研究を設定するなど、校内研究推進体制を整備する。
- ◆ 指導案の共同作成、授業の相互参観等、互いに切磋琢磨し、高め合う研究法を確立する。

結び 学力向上に向けた校長としての意気込み

> **キーワード**
> 「学んだ力」・「学ぶ力」・「学ぼうとする力」
> 授業改善プロジェクトチーム　基礎・基本の習得と活用力の育成

模範解答

　子どもたちに「確かな学力を身に付けさせること」は、学校が学校として存在する第一義であり、全ての保護者の共通した願いでもある。

　自校の子どもたちは、ここ数年の学力調査の結果から、国語・算数とも「基礎学力」は全国平均並であるが、「活用力」については全国平均より低く、また、質問紙調査で、「学習意欲」に課題があることが明らかになってきている。

　東大名誉教授の柴田義松氏は、学力を「学んだ力」（学校で学んだ知識・技能）、「学ぶ力」（学び方）、「学ぼうとする力」（学ぶ意欲）の三つととらえられたが、自校の子どもたちは、この学力の主要な要素である「学ぶ力」＝「活用力」、「学ぼうとする力」＝「学習意欲」に課題があることが分かる。こうした実態を踏まえ、子どもたちの学力向上、とりわけ、

「学ぶ力」＝「活用力」、「学ぼうとする力」＝「学習意欲」の向上に向けて、以下の３点を基本戦略にして校長としてのリーダーシップを発揮していきたいと考えている。

まず第一は、子どもたちの学力の実態を正確に把握することである。

教務主任と６学年の担任を中心に学力調査の結果を詳しく分析させ、自校の子どもたちの学力の実態と課題を明らかにし、そのことを全教職員が共通に理解するようにしたい。そのことによって、教職員全員が、自校の子どもたちの学力問題への当事者意識をもつことになり、そのことが、自らの授業実践を見直す契機にもつながると考える。

第二は、教頭、教務主任を中心に「授業改善プロジェクトチーム」を組織し、日々、子どもたちが学びの手応えを感じる授業づくりに向けた取組みを展開したい。

各教科毎に、基礎・基本の習得と活用力の育成を視点に指導計画を見直すとともに、子どもたちが生き生きと主体的に学習に取り組む創意工夫ある授業を「授業改善プロジェクトチーム」を中心に創り上げ、教材開発を含めた指導法の工夫改善などについて教職員全員で共有化していく体制をつくりあげていきたい。

第三に、学校経営の柱に校内研究の充実を置き、教員の授業力向上を図りたい。

「研究は誰かのためにやるのではなく、自らのためにこそ行うもの」は、現任校の校長の言葉であるが、これに倣い、授業研究を軸にした校内重点研究を行い、指導案の共同作成、授業の相互参観等、互いに切磋琢磨し高め合う校内研究体制を確立する。そのことが個々の教員の指導力向上に結びつき、ひいては子どもたちの学力向上につながると考える。

日々のよりよい授業が子どもたちの学力を高める。よりよい授業を目指し、教師の授業力向上に向けた組織的な体制づくりに、校長として全力をあげて取り組む所存である。

13 体験活動の積極的推進

教育課程 ②

> 今期教育課程改善の柱の一つに体験活動の重視があげられています。あなたは、校長として、学校の教育活動に体験活動をどう採り入れ、実施していくか、体験活動重視の背景に触れ、現任校の実態を踏まえて具体的に述べなさい。　　　　　　（想定問題）

テーマを捉える

1　「体験活動の重視」をどう捉えるか

　「体験は、体を育て、心を育てる源である」（中教審初等中等教育分科会教育課程部会審議経過報告、平成18年2月）と言われ、その重要性は、「生きる力」を標榜した前教育課程以後、くり返し言われ続けている。

　現行教育課程にあっても、教育内容に関する主な改善事項として、「言語活動の充実」「理数教育の充実」「伝統や文化に関する教育の充実」等とともに「体験活動の充実」が示されている。

　そこでは、「子どもたちは、他者、社会、自然・環境の中での体験活動を通して、自分と向き合い、他者に共感することや社会の一員であることを実感することにより、思いやりの心や規範意識がはぐくまれる。また、自然の偉大さや美しさに出会ったり、文化・芸術に触れたり、広く物事への関心を高め、問題を発見したり、困難に挑戦し、他者との信

頼関係を築いて共に物事を進めたりする喜びや充実感を体得することは、社会性や豊かな人間性、基礎的な体力や心身の健康、論理的思考力の基礎を形成するものである」として、特別活動、総合的な学習の時間での体験活動を一層充実させるよう求めている。

2　「体験活動」を各学校でどう具体化するか

　各学校においても、それぞれの実態に基づき、体験活動を採り入れた教育活動を展開してはいるが、十分な成果をあげているとは言い難い学校も散見する。各学校における体験活動を充実するためには、その体験活動を教育課程に明確に位置付けるとともに、学校全体で取り組む指導体制をつくりあげることが何よりも重要である。

＜読んでおきたい準拠資料＞
・中央教育審議会答申「青少年の奉仕活動・体験活動の推進方策等について」（平成14年7月）
・中央教育審議会答申「幼稚園、小学校、中学校、高等学校及び特別支援学校の学習指導要領等の改善について」（平成20年1月17日）
・「青少年の自然体験活動等と自立に関わる実態調査（平成21年度調査）」（独立行政法人国立青少年教育振興機構　平成22年10月）
・学校教育法　第31条

論文の構成立てをする

序論 体験活動が重視される背景と現任校における実態
本論① 体験活動を明確に位置付けた教育課程の編成
　　◆　特別活動、総合的な学習の時間を軸に、各学年の重点体験活動を設定し、学校全体の教育課程に位置付けるとともに、各学年間

のつながりを考えながら、各体験活動の実施計画を作成する。

②円滑で充実した体験活動の実施

◆ 体験活動に対する教師の指導力を高めつつ、協力的な校内指導体制のもと、効果的な体験活動を展開する。

◆ 保護者、地域、関連機関や施設等との十分な連携を図る。

結び 体験活動を実施するにあたっての意気込み

> **キーワード**
> 体験活動　特別活動及び総合的な学習の時間　農業体験　ホームステイ　保護者・地域、関係諸機関、諸団体との連携

模範解答

　体験活動の重視が言われて久しい。中央教育審議会教育課程部会の審議経過報告にも、教育内容の改善の基本的な考え方として、学習生活の「基盤」の形成として、「言葉」と「体験」の重視をあげている。また、現行教育課程にあっても、教育内容に関する主な改善事項として、「言語活動の充実」「理数教育の充実」「伝統や文化に関する教育の充実」等とともに「体験活動の充実」が示されているところである。

　これまで、体験活動については、多くの学校でなされており、十分な成果をあげている学校もあれば、反対に、そのための時間の確保が不十分で、散発的な体験活動でよしとしている学校や、各学年間のつながりが見えず、何のための体験活動か不明確な実践を繰り返している学校もみられるところである。

　現任校では、第4学年が地域の老人福祉施設との定期的な交流活動、第5学年は本市が姉妹提携している村での農業体験、第6学年が地域の伝統芸能の継承活動と、それぞれ重点となる体験活動を設定して全校を

あげて取り組んでいる。

そこで、第5学年が行う農業体験を例に、充実した体験活動を実施するための方策について考えてみたいと思う。

1　学校の教育課程に明確に位置付ける。

現任校の第5学年では、春の3泊4日の田植えを中心とした活動、秋の同じく3泊4日の稲刈りと感謝祭を中心とした活動を、総合的な学習の時間に設定している。期間も長期にわたることもあり、他学年の総合的な学習の時間との関連や、他の学校行事との関連、社会科との関連を考慮しつつ、ねらいを明確にして、学校全体の教育課程に位置付けている。

このように、充実した体験活動を実施するためには、それぞれの体験活動のねらいを明確にし、学年、各教科領域との関連を考えながら、活動の時間を確保して学校の教育課程に位置付けることが何よりも重要である。

2　円滑で充実した体験活動を実施する。

本農業体験では、田植えや稲刈り、地元の農家でのホームステイ、小学校との交換会など多様な活動がある。これらを、円滑かつ安全に行うため、相手先の農協青年部や関係機関と綿密な連絡を行い、きめ細かい指導計画、実施細案を作成しているところである。

円滑かつ安全に体験活動が実施できるよう、事前の綿密な指導計画作成を含めた十全の準備と全校をあげての指導体制づくり、当該体験活動に関与する保護者、地域、関係施設や関係諸機関との連携協力体制の確立が、極めて重要な条件となる。

「体験は、体を育て、心を育てる源である」と言われている。現任校が実施している農業体験の成果を踏まえ、体験活動の一層の充実に向けて、保護者・地域・関係する方々の協力を得ながら積極的に取り組んでいきたいと考えている。

14 教育課程 ③ 知識・技能の習得と思考力・判断力・表現力等の育成

➡関連テーマ解説は p.29へ

> 平成20年3月28日、文部科学省は学習指導要領を改訂し、平成21年度から可能なものは先行して実施するとしています。学習指導要領改訂にあたっては、三つの基本方針をかかげていますが、中でも、基本方針の2点目で、「知識・技能の習得と思考力・判断力・表現力等の育成のバランスを重視すること」としています。この方針を実現していく上で、あなたは校長としてどのような学校経営戦略を立てますか。具体的に記述しなさい。
>
> （平成20年度　福岡県小・中学校長）

テーマを捉える

1　「知識・技能の習得と思考力・判断力・表現力等の育成のバランスを重視すること」をどう捉えるか

　平成20年3月28日の文部科学事務次官通知「学校教育法施行規則の一部を改正する省令の制定並びに幼稚園教育要領の全部を改正する告示、小学校学習指導要領の全部を改正する告示及び中学校学習指導要領の全部を改正する告示等の公示について」は、教育課程改善の基本的な考え方として、「生きる力の育成」「豊かな心や健やかな体の育成」とともに、「知識・技能の習得と思考力・判断力・表現力等の育成」を挙げているが、これは、改正教育基本法、改正学校教育法及び学習指導要領改善に関わる中教審答申（平成20年1月17日）を踏まえて出されたものである。

したがって、改正学校教育法第30条第２項「生涯にわたり学習する基盤が培われるよう、基礎的な知識及び技能を習得させるとともに〈略〉」の小学校教育の目標、並びに中教審答申において、「改正教育基本法を踏まえた学習指導要領改訂」など７項目にわたって示された「学習指導要領改訂の基本的な考え方」を十分踏まえることが必要である。

２　学習指導要領改訂の基本方針を、どう学校経営戦略に具体化するか

本設問は、身に付けた知識・技能を活用して思考力・判断力・表現力等をはぐくむといった「確かな学力」を育成するための学校経営戦略を求めているが、それは、校長としての最も重要な職務、教育課程をどう具体的に編成・実施するかを明らかにすることである。思考力、判断力、表現力をはぐくむ教育課程の編成・実施の具体化にあたっては、基礎的・基本的な知識・技能の習得とともに、レポートの作成、説明、論述といった言語活動が重視されなければならないこと、さらに、それを実践的に具現化できるかどうかは、個々の教員の授業力が大きな鍵を握っていることを認識し、その方略を述べることが必要である。

＜読んでおきたい準拠資料＞
・中央教育審議会答申「幼稚園、小学校、中学校、高等学校及び特別支援学校の学習指導要領等の改善について」（平成20年１月17日）

論文の構成立てをする

序論 学習指導要領改訂の基本方針「知識・技能の習得と思考力・判断力・表現力等の育成」の趣旨

本論 ①基礎・基本の確実な習得と言語活動を軸にした思考力・判断力・表現力の育成を図る教育課程の編成・実施

- ◆ 「生きる力」「確かな学力」について、教職員の共通理解を図る。
- ◆ 校内「教育課程委員会」を設置し、現行教育課程の見直しに着手する。
  - ・漢字、計算練習等「ベーシックタイム」の内容の再検討
  - ・レポートの作成、説明、論述等の言語活動を重視した教育課程

②教師の授業力向上を目指した校内研究の充実方策
- ◆ 言語活動充実を視点にした研究主題を設定し、次回の授業研究に生きる研究法を確立する。

結び 校長としての重要な職務である教育課程の編成・実施に向けての意気込み

> **キーワード**
> 漢字、計算練習「ベーシックタイム」　教育課程委員会
> レポートの作成、論述・記録・要約・説明・論述等の言語活動の充実

模範解答

　今回の学習指導要領改訂の基本方針である「知識・技能の習得と思考力・判断力・表現力等の育成」は、改正学校教育法第30条第2項の小学校教育の目標そのものであり、今期教育課程の基本理念である「生きる力」を支える重要な要素の一つ、「確かな学力」そのものを示すものでもある。そして、この「確かな学力」育成こそ、学校が学校として存在するために果たさなければならない最も重要な役割でもある。

　そこで、この趣旨を踏まえ、基礎・基本の確実な習得と各教科等における言語活動の充実を軸にした思考力等の育成を図る教育課程の編成・実施および、教師の授業力向上を目指した校内研究の充実の二つを学校

経営戦略の柱として設定し、その具体化を図っていく。

　まず、基礎・基本の確実な習得と言語活動を軸にした思考力・判断力・表現力の育成を図る教育課程の編成・実施についてである。

　そのために、改めて、「生きる力」の理念、その要素としての「確かな学力」について全教職員の共通理解を図るとともに、知識・技能の習得と思考力・判断力・表現力の育成のバランスのとれた教育課程を編成すべく、校内に、教務部を中心に「教育課程委員会」を立ち上げ、現行の教育課程の見直しを図りたい。

　特に、基礎・基本の確実な定着を図るため、毎日、昼休み後に実施している15分の漢字、計算練習「ベーシックタイム」の内容を再検討するとともに、思考力・判断力・表現力の基盤が、言語の能力であることを踏まえ、観察や実験やレポートの作成、記録、要約、説明、論述といった言語活動を重視した各教科等の教育課程に改善していく。

　次に、教師の授業力向上を目指した校内研究の充実方策である。

　いかに知識・技能の習得と思考力・判断力・表現力の育成に向けて編成された教育課程であっても、それを実践的に具体化するのは日々の授業である。そこで、個々の教職員の授業力を高めるために、教職員全員が共同して実践的に研究する校内研究を充実させたい。

　その際、研究主題を言語活動の充実を視点に設定し、その具現に向けての道筋について教職員全員で十分な共通理解を図るとともに、教材研究、指導計画作成、授業研究等を協働して行い、協議する中で、次への授業研究に生きる研究法を確立したい。そのような校内研究の充実が、教師の指導力の向上、ひいては教育課程の改善に繋がるものと考える。

　教育課程の編成・実施こそ、校長の最も重要な職務である。子どもたちが、知識・技能を習得し、思考力・判断力・表現力等の活用力を確実にはぐくむ教育課程を編成し、その具現化に全校職員が取り組む学校づくりに向け、校長としての指導力を発揮する所存である。

15 言語活動を重視した教育課程の編成・実施

教育課程 ④

> 平成20年1月に出された中央教育審議会答申では、「教育内容に関する主な改善事項」の筆頭に「各教科等における言語活動の充実」があげられ、学習指導要領改訂の重要な眼目になっています。あなたは、校長としてこのことをどのように捉え、その充実に向けてどのように教育課程を編成・実施していきますか。現任校の実態を踏まえながら、具体的に述べなさい。
> （想定問題）

テーマを捉える

1 言語活動の充実をどう捉えるか

「言語」は、思考力・判断力・表現力といった知的活動の基盤だけでなく、コミュニケーションや感性・情緒の基盤でもあるが、全国学力調査やOECDのPISA調査等の結果から、その能力に低下傾向が見られる。こうしたことを背景に、新学習指導要領では、各教科等における言語活動の充実が、教育内容改善の重要な視点と示されている。

各教科等における言語活動を充実するにあたっては、知的活動の基盤としての言語の役割という観点から、記録や報告、説明、観察、実験の結果のまとめなどの言語活動を、また、コミュニケーションや感性・情緒の基盤という観点からは、体験から感じ取ったことを言葉や歌、絵、

身体、文章などで表現する、討論や討議などを積極的に行うなどの言語活動を充実するよう求めている。

2 言語活動の充実をどう具体化するか

子どもたちの言語能力の育成にあたっては、こうした言語活動の充実が求められる背景を十分に踏まえ、国語教育を中核に据えた学校教育を展開する必要がある。

具体的には、国語科教育の充実と国語科と他教科等との関連を図った指導計画の見直しを行うともに、学校図書館の活用を中心に学校における言語環境の整備も視野に入れて、学校の教育課程を編成することが必要である。

<読んでおきたい準拠資料>
・中央教育審議会答申「幼稚園、小学校、中学校、高等学校及び特別支援学校の学習指導要領等の改善について」（平成20年1月17日）
・「小学校学習指導要領解説　国語編」（平成20年6月）

論文の構成立てをする

序論 言語活動の充実が求められる背景
本論①言語活動の充実を視点にした、国語科をはじめ各教科等の指導計画の見直し
- ◆ 各教科等の主任を中心に、全教職員で言語活動の充実が打ち出された背景について共通理解を図る。
- ◆ 「生きて働く言葉」を視点に国語科教育の指導計画の見直しを図る。
- ◆ 基礎的・基本的な知識・技能の習得、その知識・技能を活用す

る観察・実験やレポートの作成、論述などを視点に、各教科等の指導計画の見直しを検討する。

②学校図書館の活用を軸に読書活動の充実と言語環境整備
◆ 学校図書館を積極的に活用するとともに、朝読書や各教科等における図書の利用などを通じて読書活動の充実を図る。
◆ 学校全体の人的、物的言語環境を整備する。

結び 豊かで的確な言葉の遣い手としての教師のあり方

> **キーワード**
> 音読や暗唱　対話や発表　記録・要約・説明・論述
> 教科の知識・技能を活用する学習活動　学校図書館の活用
> 人的、物的言語環境

模範解答

　今回の学習指導要領の改訂では、充実すべき教育内容の重要事項7項目の最初に「言語活動」の充実を掲げ、国語科はもとより、各教科等でも国語科で培った能力を生かした言語活動を展開するよう示している。

　この「言語活動」の充実が示された背景には、学習指導要領の基本理念である「生きる力」をはぐくむためには、それを支える「確かな学力」の重要な要素の一つ、基礎的・基本的な知識・技能を活用して課題解決を図るために必要な思考力・判断力・表現力の育成が極めて重要であること、そして、その基盤が「言語」であるにもかかわらず、全国学力調査やOECDのPISA調査等の結果、子どもたちのその能力に低下の傾向が見られることなどがあると思われる。

　校長として、自校の教育課程を言語活動を重視したものとして編成・実施するために、改めて、全教職員で、「生きる力」をはぐくむ新学習

指導要領の理念を確認するとともに、国語教育を自校の教育の中核に据え、以下の具体策を展開していきたいと考える。

1　**言語活動の充実を視点に、国語科をはじめ、各教科等の指導計画を見直す。**

　まず、各教科等の主任を中心にして、全教職員で、言語活動の充実が打ち出された背景について共通理解を図る必要がある。その上に立って、国語科をはじめ、各教科のこれまでの指導計画を見直し、「言語活動」をどう組み込むことができるか検討し、指導計画を修正していく。

　その際、国語科にあっては、各学年の発達段階に応じて、音読や暗唱、対話や発表、記録、要約、説明、論述といった言語活動を積極的に取り入れ、「生きて働く言葉の力」を視点に国語科教育の充実を図るべく、指導計画を見直す。

　また、他教科等にあっては、国語科と他教科との関連を重視し、基礎的・基本的な知識・技能の習得とともに、観察・実験やレポートの作成、論述など、教科の知識・技能を活用する学習活動を組み込んだ指導計画になるよう見直しを図っていきたい。

2　**学校図書館の活用を軸に読書活動を活発化するとともに、言語環境を整備する。**

　言語能力を培うためには、読書活動が不可欠である。国語科のみならず、各教科等にあっても豊かな読書をするための指導内容を指導計画に位置付けるとともに、資料の検索、活用等も含めて学校図書館の積極的な活用を図る。

　日々子どもたちと接する教師こそ、学校の重要な言語環境であると意識し、豊かで的確な言葉の遣い手を育てるべく、学校全体の人的、物的言語環境を整備するべく、校長としてのリーダーシップを発揮する所存である。

16 教育課程⑤ 活用力育成を重視した学力向上策

> 平成19年度から実施されてきた「全国学力・学習状況調査」は、国語、算数・数学とも、出題内容が、主として「知識」に関するA問題と、主として「活用」に関するB問題とに分けて出題されてきた。その調査の結果、主として「活用」に関する問題への正答率の落ち込みが著しい学校に校長として赴任したとして、児童生徒の「活用力」育成重視の学力向上策にどう取り組むか、所属校種に即して、具体的に述べなさい。
>
> （想定問題）

テーマを捉える

1 活用力をどう捉えるか

　これまでに実施された教育課程実施状況調査やOECDのPISA調査によって、今日の子どもたちの学習状況は、基礎的・基本的な知識・技能の習得は一定の成果が見られるものの、それらを活用して課題を解決するために必要な思考力・判断力・表現力等に課題があることが明らかになった。

　この思考力・判断力・表現力の育成は、「生きる力」の育成とともに、新学習指導要領の改訂の基本的な考え方の一つである。思考力・判断力・表現力育成に向けて活用力を高めるためには、学習指導要領改訂の趣旨

を踏まえ、確かな学力の形成に向けて学校教育目標を重点化するとともに、各教科等の指導計画を、思考力・判断力・表現力育成にシフトし活用力を重視した授業改善に取り組む必要がある。

2　活用力育成の具体化をどう図るか

「全国学力・学習状況調査」では、「知識・技能等を実生活の様々な場面に活用する力や、様々な課題解決のための構想を立て実践し評価・改善する力」を「活用力」として、規定している。この活用力育成の具体化にあたっては、各教科の基礎的・基本的な知識・技能を明らかにし、それらを活用して課題を解決する発展的、探究的な学習を設定するとともに、観察・実験、レポート作成、論述などといった知識・技能を活用する学習活動を盛り込んだ指導計画を作成する必要がある。

＜読んでおきたい準拠資料＞
・平成22年度　全国学力・学習状況調査報告書（平成22年10月）
・平成19・20年度　全国学力・学習状況調査追加分析報告書（平成21年12月）

論文の構成立てをする

序論「活用力の育成」が求められる背景と自校の実態
本論①新学習指導要領の趣旨の共有化と確かな学力形成に向けた学校教育目標の重点化
　◆　「生きる力」という理念を全教職員で共有化する。
　◆　学習指導要領改訂の基本的な考え方を視点に、自校の教育課程を振り返る。
　◆　活用力に課題がある実態を踏まえ、学校教育目標の見直しも含

め、教育目標を重点化し、その具現化の手立てを明らかにする。
②**思考力・判断力・表現力育成にシフトした各教科等の指導計画の見直しと授業改善**
- ◆ 各教科の指導計画を、観察・実験、レポート作成、論述など、活用力を重視した指導計画に修正、授業研究を通してその具現化を図る。
- ◆ 総合的な学習の時間の全体計画を思考力・判断力・表現力育成の視点から見直し、各教科指導との関連を図った指導計画を作成する。

結び 活用力の育成に向けた校長としての意気込み

> **キーワード**
> OECDのPISA調査　全国学力・学習状況調査　基礎的・基本的な知識・技能の習得　思考力・判断力・表現力等の育成　発展的、探究的な学習　観察・実験、レポート作成、論述

模範解答

　平成20年3月、改正教育基本法等を踏まえ、学習指導要領が改訂された。この学習指導要領改訂は、これまでの「生きる力」という基本理念を踏襲し、その「生きる力」を支える「確かな学力」の要素としての、基礎的・基本的な知識・技能の習得、思考力・判断力・表現力等の育成、学習意欲や学習習慣の確立、「豊かな心」「健やかな体」の育成、確かな学力を育成するための授業時数の確保を改訂の基本的な考え方にしている。とりわけ、思考力・判断力・表現力は、これまでに実施された教育課程実施状況調査やOECDのPISA調査によって、課題があることが明らかになったことから、その育成は、新学習指導要領の重点事項であ

り、確かな学力の形成に向けた喫緊の課題である。

　学力テストの結果、国語、算数とも活用力に課題があることが判明した学校の校長として、こうした児童の実態を真摯に受け止め、上記の背景を踏まえて、活用力重視の学力向上策を次のように取り組んでいきたいと考える。

　まず、全教職員で新学習指導要領の趣旨を共有化し、学校の実態を踏まえ、確かな学力形成に向けた学校教育目標の重点化と具体化の手立てを明らかにする。

　新学習指導要領の基本理念は、これまでの「生きる力」の育成であるが、それを実現するための具体的な手立てについて、これまでの反省も含めて、改めて全教職員で共通理解を図りたいと考えている。また、思考力・判断力・表現力の育成など、学習指導要領改訂の基本的な考え方を視点に、自校の教育課程を振り返るとともに、活用力に課題がある実態を踏まえ、学校教育目標の見直しも含めて教育目標を重点化し、学年ごとにその具現化の手立てを明らかにするよう促していきたい。

　次に、思考力・判断力・表現力育成にシフトした各教科及び総合的な学習の時間の指導計画の見直しと活用力を重視した授業の改善を図る。

　各教科主任が中心となって、各教科の基礎的・基本的な知識・技能を明らかにし、それらを活用して課題を解決するような発展的、探究的な学習を設定するとともに、観察・実験、レポート作成、論述などといった知識・技能を活用する学習活動を盛り込んだ指導計画に修正していく。また、総合的な学習の時間の全体計画を思考力・判断力・表現力育成の視点から見直していくとともに、総合的な学習の時間も含めた各教科の授業研究を積極的に実施し、活用力を重視した授業改善に取り組んでいきたいと考える。

　以上のような取組みを通して、子どもたちの「活用力」が高まるよう、全教職員と一体となって取り組んでいきたいと考えている。

17 教育課程⑥ 学習意欲の向上と学習習慣の確立

> PISA調査をはじめとしたこれまでの国際的な学力調査の結果等から、日本の子どもたちは学習意欲や学習習慣等に課題があることが指摘されており、これらの課題の解決に向けた取組みが求められています。あなたはこのことをどのようにとらえ、子どもたちの学習意欲や学習習慣等の確立のために、校長としてどのように取り組みますか、勤務校の実態を踏まえて述べなさい。 (想定問題)

テーマを捉える

1 学習意欲の向上と学習習慣の確立が求められる背景

PISA調査結果や全国学力・学習状況調査結果から、今日の子どもたちは、学力の重要な要素である学習意欲や学習習慣に課題があるということが明らかになった。

また、学習意欲の向上と学習習慣の確立は、「改正教育基本法等を踏まえた学習指導要領改訂」「『生きる力』という理念の共有」をはじめとする七つの学習指導要領改訂の基本的な考え方の一つであり、確かな学力を構成する重要な要素でもある。

2 学習意欲の向上と学習習慣の確立をどう具体化するか

　学習意欲の向上と学習習慣の確立を図っていくためには、まず、生き生きと明るく元気な学校風土を形成すること、そのためには、意欲と活力に満ちた教師集団を組織すること、次いで、日々、子どもたちが「楽しかった」「わかって嬉しい」「自分にもできた」という達成感、充実感、学びへの手応えを感じる授業を創り上げることができる教師と教師集団を育成すること、さらに、家庭や地域社会と連携協力して、学習習慣を確立し、自分の生活や学習に生きて働く体験学習を推進することが必要である。こうした取組みができる学校環境と組織体制を整備することが学校管理職に課せられた大きな使命である。

　＜読んでおきたい準拠資料＞
・中央教育審議会答申「幼稚園、小学校、中学校、高等学校及び特別支援学校の学習指導要領等の改善について」（平成20年1月17日）

論文の構成立てをする

序論 学習意欲の向上と学習習慣の確立が求められる背景
本論 ①互いの指導力を高め合おうとする意欲と活力ある教師集団の育成
　◆　授業研究を基に指導法の工夫改善を図る校内研究の充実を図る。
　◆　主幹、指導教諭を生かした校務分掌及び校内研究推進体制などの学校指導組織の工夫改善を図る。
　②子どもたちが、わかる喜びや学びの手応えを感じることのできる授業づくり
　◆　帯の学習タイムを活用した漢字や計算練習の計画的な指導を通

して基礎・基本を定着させる。
◆ 児童が主体的に学習活動に取り組み、学びの手応えを感じることのできる教材開発及び授業づくりを行う。

③家庭、地域との連携協力による学習習慣の確立及び体験活動の推進
◆ 家庭との連携協力を通して「早寝、早起き、朝ごはん」などの基本的生活習慣や家庭学習などの学習習慣を確立する。
◆ 家庭、地域との連携協力のもと、我が校ならではの体験活動を推進する。

結び 我が校ならではの取組みに向けた意気込み

> **キーワード**
> 知識基盤社会　明るい活力に満ちた学校風土の形成　基礎・基本の定着　保護者、地域との連携協力　特色ある体験活動　達成感、充実感、学びへの手応えを感じる授業

模範解答

　PISA調査結果や全国学力・学習状況調査結果等から、今日の子どもたちは、学力の重要な要素である学習意欲や学習習慣に課題があるということが明らかになった。

　この「学習意欲の向上」「学習習慣の確立」は、これからの「知識基盤社会」を担う子どもたちにとって必要な資質・態度であり、現教育課程の基本理念である「生きる力」育成の基盤をなすものである。こうしたことを踏まえ、今期学習指導要領では、改訂の基本的な七つの観点のうちの一つにあげ、このことに向けた取組みを学校に強く求めている。

　そこで、私は校長として、保護者、地域とも連携協力しつつ次のような取組みを通して学校における学習環境と教職員の指導組織を整備し、

子どもたちの「学習意欲の向上と学習習慣の確立」を図っていきたい。

　まず、子どもたちが生き生きと学習し生活する学校であるためには、学校の教師集団そのものが意欲と活力に満ち、生き生きとした明るく元気な学校でなければならないと考えている。

　そうした明るい活力に満ちた学校風土を形成するために、今年度、我が校にも配置された主幹教諭、指導教諭を生かした校務分掌組織を創り上げるとともに、研究主任を中心に、授業研究を基礎にした、指導法の工夫改善を図る校内研究を充実させたい。主幹教諭等のミドルリーダーの存在が、学校の協働体制をより機能化し、授業研究における教師相互の授業参観がそれぞれの教師の指導力を向上させる、そうした活力ある学校風土形成が子どもたちの学習意欲向上に結び付くものと考える。

　次に、日々、子どもたちが「楽しかった」「わかって嬉しい」「自分にもできた」という達成感、充実感、学びへの手応えを感じる授業を創り上げることへの取組みである。

　自校では、これまで、朝の始業前15分を漢字や計算練習のための学習タイムとして設定し、基礎・基本の定着を図ってきたが、この学習タイムを、学習内容の精査を通して一層充実させるとともに、子どもたちが主体的に学習活動に取り組み、学びの手応えを感じることのできるようなよりよい授業づくりに向けて、教材開発や学習指導計画作成など、教務主任や指導教諭を中心に、全教職員が協働し実践する教職員組織を創り上げたい。

　さらに、家庭や地域社会と連携協力して、学習習慣を確立し、自分の生活や学習に生きて働く体験学習を推進したいと考えている。

　家庭との連携協力を通して「早寝、早起き、朝ご飯」などの基本的生活習慣や家庭学習などの習慣を身に付けさせるとともに、家庭、地域との連携協力のもと、我が校ならではの特色ある体験活動を推進し、子どもたちが学びの意味を自覚できるようにしていきたい。

"生き方指導" としての
キャリア教育

18 教育課程 ⑦

> 少子高齢化社会の到来、産業・経済の構造的変化、雇用の多様化・流動化が進む中、子どもたちの進路をめぐる環境は大きく変化しています。そうした中、子どもたちが「生きる力」を身に付け、それぞれが直面するであろう様々な課題に柔軟、かつたくましく対応し、社会人、職業人として自立していけるよう、学校におけるキャリア教育の推進が強く求められています。あなたは、校長として、このことをどう考え、学校全体でどう取り組んでいくか、具体的に述べなさい。
> 　　　　　　　　　　　　　　　　　　　　　　　　　（想定問題）

テーマを捉える

1　「生き方教育」とは何か

　キャリア教育とは、「児童生徒一人一人のキャリア発達を支援し、それぞれにふさわしいキャリアを形成していくために必要な意欲・態度を育てる教育」であり、「児童生徒一人一人の勤労観、職業感を育てる教育」である。
　こうしたキャリア教育は、発達段階に即して、自らの過去、現在、将来を見据え、社会の中での自己の果たす役割や関係を考えながら、より自分らしい生き方を展望し実現する「生き方教育」である。そのことは、

究極、各学校段階において、教育課程編成の基本理念である、確かな学力、豊かな人間性、たくましく生きるための健康・体力の「生きる力」をどう育成するかに収斂する。

2 小学校におけるキャリア教育をどう進めるか

小学校におけるキャリア教育にあっては、まず、「生きる力」、とりわけ、学習意欲の向上と基礎・基本の確実な定着をベースに、日々の学習活動に対して、その意義、価値付けを行うとともに、中学校との関連を考えた「生き方指導」の教育課程を編成し、子どもたちが将来への夢をはぐくみ、自分らしい生き方を見つけられるよう指導することが重要である。

そのためには、キャリア教育を視点に、道徳や特別活動、総合的な学習の時間の見直しを図るなど、キャリア教育推進のための教育課程を編成することが必要である。

＜読んでおきたい準拠資料＞
・「小学校・中学校・高等学校キャリア教育推進の手引──児童生徒一人一人の勤労観、職業観を育てるために」(文部科学省　平成18年11月)
・「小学校学習指導要領」「中学校学習指導要領」(平成20年3月)

論文の構成立てをする

序論 キャリア教育が「生き方指導」とされる背景
本論① 「生きる力」、とりわけ確かな学力の育成を基本に据えた学校経営方針の策定
　　◆ 確かな学力の育成を軸に校内研究体制を組織し、個々の教員の授業力を高める。

◆ 常に子どもたちの学習活動についての意義、価値付けを行い、学習意欲を高める。

②中学校との関連を考えた「生き方指導」の教育課程の編成

◆ キャリア教育を意識した特別活動、総合的な学習についての教育課程を編成する。

◆ 家庭、地域とも連携しながら、自然体験、社会体験活動の充実を図る。

結び キャリア教育を通した「生き方指導」への決意

> **キーワード**
>
> 望ましい職業観・勤労観　生き方教育　キャリア教育担当　自然体験、社会体験活動の充実

模範解答

　一人ひとりの子どもたちに望ましい職業観・勤労観を育てるキャリア教育とは、発達段階に即して、自らの過去、現在、将来を見据え、社会の中での自己の果たす役割や関係を考えながら、より自分らしい生き方を展望し実現する「生き方教育」である。

　このキャリア教育を推進することは、究極、各学校段階において、教育課程の基本理念である、確かな学力、豊かな人間性、たくましく生きるための健康・体力の「生きる力」をどう育成するかに収斂すると考える。そこで、小学校における「生き方教育」としてのキャリア教育について、学校全体でどう取り組んでいくか、以下具体策を述べたい。

　OECDのPISA調査における日本の子どもたちの無答率の多さは、実際生活に生きる学力が十分身に付いておらず、また、何のために学ぶのかという学びの意義、目的を見出せていない子どもたちが少なからずい

るということを鮮明にしたが、この状況を真摯に受け止め、「生き方教育」の基盤に「生きる力」が存在することを踏まえ、改めて、学校経営方針の柱に「生きる力」、とりわけ確かな学力の育成を中心に据えて策定すべきだと考える。

　具体的には、学校経営の軸に校内研究の活性化を置き、授業研究を中心とした校内研究を通じて教員個々の授業力の向上に努めたい。全ての教職員が一体となって、よい授業、分かる授業を創り上げようとする努力は、子どもたちの確かな学力形成に必ず結びつくものと考える。また、子どもたちが、学ぶ意義や目的をもち、主体的に学ぶためには、日々の授業が学ぶ楽しさや喜びを実感できるものでなければならない。そのためにも、日々、よりよい授業を展開し、子どもたちの学習に対する意義、価値付けを行うことが必要である。

　一方、これまで小学校においては、キャリア教育は、「進路指導」として生徒指導の一部にはあっても、ほとんどその内実は無に等しかった。しかし、教育課程の基本理念が「生きる力」の育成であり、「生き方教育」としてのキャリア教育が強く求められている今日、中学校との関連を考えた「生き方指導」の教育課程を編成する必要がある。

　具体的には、校務分掌の一つに、キャリア教育担当を設置し、中学校との連携窓口の役割を担うとともに、中学校の「生き方指導」のカリキュラムを参考にしながら、特別活動、総合的な学習を中心にキャリア教育についての教育課程を編成実施していきたい。また、家庭、地域とも連携して、自然体験、社会体験活動の充実を図りながら、子どもたちが将来への夢をはぐくみ、自分らしい生き方を見つけられるよう指導していきたいと考える。

19 ICT教育の推進

教育課程 ⑧

> 教育の情報化の中で、ICT教育の推進があげられます。ICT教育を推進するにあたっての留意点を2点あげ、あなたはどのように推進していきますか。具体的な取組みをあげなさい。　　（想定問題）

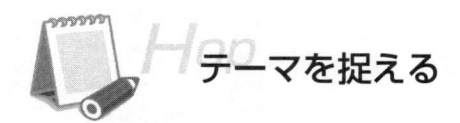

テーマを捉える

1　ICT教育とは何か

　パソコンやデジタルテレビ、電子黒板など学校におけるICT環境が徐々に整備されてきているにもかかわらず、それらを有効に活用できているとは言い難い状況にある学校も多い。そうした状況を踏まえて、文部科学省は、学習指導要領改訂を機に、「教育の情報化に関する手引」を発表した。そこでは、＜教科指導におけるICT活用＞＜情報教育の体系的な推進＞＜学校における情報モラル教育と家庭・地域との連携＞＜校務の情報化の推進＞＜教員のICT活用指導力の向上＞など、教育の情報化を推進するための重要な課題、留意すべき事項について詳しく具体的に述べている。こうした手引きを活用した、各学校のICT教育の充実が期待されているのである。

2　ICT教育をどう具体化するか

　本設問の背景を的確に把握しておくことが重要である。教育の情報化にあって、ICT教育の一層の推進が求められているが、校内の全ての教員がICTに堪能であることはまずあり得ない。そうした実態を踏まえた上で、なぜ、ICT教育なのかを説明する必要がある。

　ICT教育を進める上での配慮すべきことを、現任校の実態を踏まえた上で、その具体化を述べているかどうかが問われる。次ページからの模範解答では、教員のICT活用指導力の向上と情報モラル教育の推進をあげているが、このことも、現任校の教師や、子どもたちの実態から導き出すようにすることが重要である。

＜読んでおきたい準拠資料＞
・「教育の情報化に関する手引」（文部科学省　平成21年3月）
・「ICTを活用した授業の効果等の調査　報告書」（財団法人コンピュータ教育開発センター　平成20年3月）

論文の構成立てをする

序論 ICT教育の推進が求められる背景と自校の実態
本論 ①教員のICT活用指導力向上に向けた校内研修の充実
　　◆　情報教育主任を中心に校内に「情報部会」を設置し、その情報部会の立てた「研修計画」に沿って研修を進める。
　　◆　＜教材研究・指導準備・評価などにICTを活用する能力＞＜授業中にICTを活用して指導する能力＞など、ICT活用指導力のチェックリストに基づいて研修を行う。
　②情報モラル教育の推進に向けた校内指導体制の整備

◆ 有害情報へのアクセスや著作権の侵害などを未然に回避するため、情報モラル教育を推進する。
◆ 「情報部会」が中心となって情報モラルも含めた情報教育全体指導計画を作成し、それに基づいた情報モラルの研修会を実施する。

結び ICT教育を推進するうえでの校長の意気込み

> **キーワード**
> 教育の情報化　情報活用能力　ICT機器の活用　校務の情報化
> 情報モラル教育の推進　ICT活用指導力チェックリスト
> 有害情報のアクセス　著作権の侵害

模範解答

　平成21年3月、文部科学省は、学習指導要領改訂に伴い、「教育の情報化に関する手引」を出し、その中で、「教育の情報化」について、①子どもたちの情報活用能力を育成する情報教育、②各教科等の目標を達成するための効果的なICT機器の活用、③教員の事務負担軽減等のための校務の情報化の3点を示し、これらを通して学校教育の質の向上を図ることとしている。

　現任校においても、パソコンの設置はもとより、電子黒板、校内LANなど、ICT環境が整備されつつあり、この手引きに示されたように、教育の情報化を一層推進する必要がある。そこで、教員のICT活用指導力の向上と情報モラル教育の推進を柱に、教育の情報化に対応していきたいと考える。

　まず、教員のICT活用指導力向上に向けた校内研修の充実である。

　現任校においては、未だ、ICTの進歩について行けず、情報教育と

いえば、ICT活用に長けた一部の教員に任せてしまう傾向にある。そうした状況を打破し、一人ひとりの教員がICT活用指導力を高めるために、校内研修を充実させたいと考えている。情報教育主任を中心に校内に「情報部会」を設置し、その情報部会の立てた「研修計画」に沿って研修を進めるようにする。その際、＜教材研究・指導準備・評価などにICTを活用する能力＞＜授業中にICTを活用して指導する能力＞など、先の手引にあるICT活用指導力のチェックリストに基づいて研修を行い、その指導力を高めていきたい。

次に、情報モラル教育の推進に向けた校内指導体制の整備である。

ICTは、その便利さと裏腹に、有害情報へのアクセスや著作権の侵害など、負の側面を多く抱えている。そうしたことを未然に回避するため、子どもたちへの情報モラル教育は重要な課題である。そこで、「情報部会」が中心となって情報モラルも含めた情報教育全体指導計画を作成し、それに基づいた情報モラルの研修会を実施し、ICTの負の側面について教職員の共通理解を図りたい。

そこでは、子どもたちの情報機器の保持やインターネットの活用などの実態やインターネットの世界で起きている様々な問題状況の把握、さらには、著作権や個人情報の保護等の法律的知識など、具体的な課題を取り上げ、研修していきたい。

以上、教員のICT活用指導力の向上と学校における情報モラル教育の推進を通して、教育の質の向上に向けたICT教育の一層の推進に努めたい。

20 少人数・習熟度別指導の実施

教育課程 ⑨

> 確かな学力を育成するためには、これまでの一斉指導の方法とともに、習熟度別指導や少人数指導、発展的な学習や補充的な学習など、個に応じた指導を積極的に実施することが必要である。このことについて、あなたは、校長としてどう考えますか。その考えを踏まえ、どう少人数・習熟度別指導を実施しますか。具体的に述べなさい。
> （想定問題）

テーマを捉える

1 少人数指導の基本的な考え方

今日、教員定数の改善で、少人数指導のための教員が徐々に加配されてきていることもあり、学級数を超える少人数の学習集団を編成し、その学習集団に合ったきめ細かな学習指導を通して、基礎的・基本的な内容の確実な定着と個に応じた教育を推進する、少人数指導を実践する学校が増えてきている。

平成22年度全国学力・学習状況調査によれば、少人数・習熟度別指導を多くの時間で行っている学校ほど、学習への意欲・関心・態度に肯定的な回答をした児童生徒が多く、また、学力上位層が多いという結果が明らかになった。こうした、少人数・習熟度別指導が、その趣旨に即し

て十全に実施され効果をあげるためには、校長としてリーダーシップを発揮し、学校全体で教職員の共通理解のもと、少人数・習熟度別指導を実施する教科の教育課程の編成をはじめとする、指導体制を確立することが極めて重要である。

2 少人数・習熟度別指導をどう具体化するか

　少人数・習熟度別指導を具体化するためには、このことを学校経営方針及び教育課程に位置付け、その意義、必要性について教職員への周知徹底を図ることが求められる。また、実際に実施する教科、学年のカリキュラムの編成や指導内容、指導方法、担当者、その役割分担、教材研究等を行う時間的保障等について、計画し実践する校内体制を整備する必要がある。

　＜読んでおきたい準拠資料＞
・「今後の学級編制及び教職員配置について（最終報告）」（文部科学省　平成17年10月3日）
・中央教育審議会答申「幼稚園、小学校、中学校、高等学校及び特別支援学校の学習指導要領等の改善について」（平成20年1月17日）
・平成22年度全国学力・学習状況調査報告書（平成22年10月）

論文の構成立てをする

序論 少人数・習熟度別指導実施の趣旨及び背景
本論① 少人数・習熟度別指導の経営方針及び教育課程への位置付け
　◆　少人数・習熟度別指導の意義、必要性について、教職員への周知徹底を図る。
　◆　少人数指導に配慮した校務分掌、教育課程を編成し、教室等の

条件を整備する。
◆ 少人数・習熟度別指導について保護者の理解と協力を求める。

②少人数・習熟度別指導に関わる校内指導体制の整備
◆ 少人数・習熟度別指導を実施する教科・学年の決定、週時程及び指導計画の作成等、少人数・習熟度別指導に中心的に関わる校内組織を教務部を中心に組織する。
◆ 少人数指導担当者を中心に学年全体で、常に指導内容、指導方法について協議、確認しながら実践する体制を整える。

結び　少人数・習熟度別指導の導入にあたっての意気込み

> **キーワード**
> 習熟度別指導　少人数指導　個に応じた教育の推進　「少人数学習運営委員会」

模範解答

「確かな学力を育成するためには、従来の一斉指導の方法を重視することに加えて、習熟度別指導や少人数指導、発展的な学習や個に応じた指導を積極的かつ適切に実施する必要がある」と新しい教育課程にもあるように、現在、学級数を超える少人数の学習集団を編成し、その学習集団に合った、きめ細かな学習指導を通して、基礎的・基本的な内容の確実な定着と個に応じた教育を推進する、少人数指導を行う学校が増えてきている。

こうした少人数指導、とりわけ、少人数・習熟度別指導をその趣旨に即して十全に実施し効果をあげるためには、校長としてのリーダーシップを発揮し、少人数・習熟度別指導を学校経営方針及び自校の教育課程に位置付けるとともに、実際に実施する教科、学年のカリキュラムの編

成や指導方法等について計画し実践する校内体制を整備するなどして、学校全体で少人数指導体制を確立することが極めて重要である。以下、その具体策を述べる。

1　少人数・習熟度別指導を経営方針及び教育課程に位置付ける。

現任校でも、少人数指導のための教員の配置があり少人数指導を実施しているが、配置当初、少人数指導に対する教職員への理解が不十分で、学級集団をいくつかに分けることに担任教諭の大きな抵抗があり、少人数担当教諭がTTとしてしか学級に入れないという事態に陥ったことがあった。そのようなことにならないように、校長として、少人数・習熟度別指導を学校経営方針及び自校の教育課程に位置付けるとともに、その必要性や意義について教職員はもちろんのこと、子どもたち、保護者に対して十分な周知徹底を図ることが何よりも重要と考える。

また、学年配置や教科指導の分掌を組織するに当たっては、少人数指導を十分配慮したものに編成する必要がある。さらに、少人数指導のための教室確保や少人数指導担当教諭と学年全体との打ち合わせや教材研究のための時間の確保といった条件整備についても、校長としてのリーダーシップが求められると考える。

2　少人数・習熟度別指導に関わる校内指導体制を整備する。

何の教科、どの学年で少人数・習熟度別指導を実施するか、また、そのための時間割や指導計画の作成は大きな課題である。そうした課題対応も含め、少人数・習熟度別指導をコーディネートする「少人数学習運営委員会」を教務部を中心に組織するとともに、少人数指導担当者を中心に学年全体で指導内容、方法について協議、確認しながら実践する体制を整備するなどして、学校全体での少人数・習熟度別指導体制を確立していきたい。

以上のような取組みを通して、意義ある少人数・習熟度別指導が実施できるよう、校長としてのリーダーシップを発揮する所存である。

21 教育課程⑩

理数教育の充実方策

新しい教育課程では理数教育の充実が強く求められています。このことの背景及び改訂の趣旨を踏まえ、どのようにその充実方策に取り組むか、具体的に述べなさい。　　　　　　（想定問題）

テーマを捉える

1　理数教育の充実が求められる背景

　なぜ、理数教育の充実なのか、その背景について、中教審答申（平成20年1月）は、「『知識基盤社会』の時代においては、科学技術は競争力と生産性向上の源泉となっている。特に、第3期科学技術基本計画が指摘しているとおり、1990年代半ば以降、ライフサイエンスやナノテクノロジー、情報科学等の分野などを中心に学術研究や科学技術をめぐる世界的な競争が激化した。このような競争を担う人材の育成が各国において国力の基盤として認識され、国際的な人材争奪競争も現実のものとなっている」と述べている。そういう状況にもかかわらず、国際的な学力調査の結果、①算数・数学や理科について、学習への積極性が乏しく、得意だと思う子どもたちが少ないなど学習意欲が必ずしも十分ではない、②希望の職業につくために数学や理科でよい成績を取る必要があると思う子どもが少ないなどの課題が認められた。

こうしたことから、学校における理数教育の一層の充実が強く求められているという背景を踏まえた論述が必要である。

2 理数教育の充実方策をどう具体化するか

「理数教育の充実」は、「言語活動の充実」とともに新教育課程の教育内容に関する主な改善事項の6事項の一つであり、「基礎的な知識・技能の習得」や「思考力・判断力・表現力等の育成」という学習指導要領改訂の基本的な考え方から導き出されてきたものである。その具体化にあたっては、基礎的・基本的な知識・技能の確実な定着のための学年間や学校段階間でのくり返し学習、思考力や表現力等の育成のための観察・実験やレポートの作成、論述、数量や図形に関する知識・技能を実際の場面で活用する活動などを行うこと、そのための時間を十分に確保するよう求めている。そうしたことを踏まえて、各学校ごとに算数・数学、理科の教育課程を編成・実施することが必要である。

＜読んでおきたい準拠資料＞
・中央教育審議会答申「幼稚園、小学校、中学校、高等学校及び特別支援学校の学習指導要領等の改善について」（平成20年1月17日）
・「小学校学習指導要領解説　算数編、理科編」（平成20年8月）

論文の構成立てをする

序論 理数教育の充実が求められる背景
本論①新教育課程改訂の趣旨、基本的な考え方、教育内容の主な改善点等についての全教職員の共通理解
　◆ 理数教育重視の背景を含め、新教育課程改訂の趣旨等について共通理解を図る。

◆ 算数・理科等の授業時数増の共通理解の下、自校の実態を踏まえ、理数教育充実を核にした教育課程基本方針を策定する。

②理数教育充実に向けた指導計画の作成及び指導法の工夫・改善

◆ スパイラルな指導、算数的活動、科学的思考力・表現力、自然・科学体験の重視等、新たに示されたキーワードについて検討し、指導法の工夫・改善につなげる。

◆ 算数における少人数指導及び理科における理科支援員の活用等、理数教育充実のための条件整備を行い、指導計画に位置付ける。

結び 理数教育の充実に向けた校長としての意気込み

> **キーワード**
> 知識基盤社会　スパイラルな指導　算数的活動　科学的思考力・表現力　自然体験・科学体験の重視

模範解答

「知識は日進月歩であり、競争と技術革新が絶え間なく生まれる『知識基盤社会』時代にあって、理数教育の教育課程の国際通用性が問われている」として打ち出された理数教育の充実は、言語活動の充実と並んで今回の教育課程改訂の教育内容に関する改善事項の重要な柱である。そのことは、今回の新教育課程に向けた移行措置内容にあって、特に算数・数学、理科について、授業時数増も含めて一部前倒しして実施するよう具体的に示されたことからも、理数教育充実の着実な実施の重要性がうかがえる。

自校の教育課程編成にあたって留意すべき点は、示された時数増や内容をどのように遺漏なく実施すればよいか考えるに先立って、理数教育の充実が、言語活動の充実等とともに、「基礎的・基本的な知識・技能

の習得」や「思考力・判断力・表現力等の育成」など、今次学習指導要領改訂の趣旨、基本的な考え方から導き出されたものであることを全教職員が十分に共通理解することである。その上に立って、自校の実態を踏まえて、理数教育充実を核にした教育課程を編成・実施することが重要であると考える。以下、その具体策を述べる。

　まず、新教育課程改訂の趣旨、基本的な考え方、教育内容の主な改善点について、教務主任を中心に設置した「新教育課程委員会」による研究全体会で全教職員の十分な共通理解を図りたい。この研究全体会で、なぜ今、理数教育重視なのか、その背景について共通理解を図るとともに、算数・理科等の授業時数増および新設内容等の共通理解のもと、自校の実態を踏まえ、理数教育充実を核にした教育課程基本方針を策定していきたい。

　次に、その教育課程基本方針のもと、言語活動の充実とも関連させながら理数教育の充実方策について全教職員で検討し、理数教育充実に向けた指導計画の作成と指導法の工夫・改善を図りたい。

　この指導計画作成にあたっては、比較や分類、関連付けといった考えるための技法や帰納的、演繹的な考え方を活用して説明するといった言語活動、算数科における「スパイラルな指導」「算数的活動」、理科における「科学的思考力・表現力」「自然体験・科学体験の重視」等、新たに示されたキーワードについて検討し、算数科、理科の指導法の工夫・改善につなげるとともに、算数における少人数指導及び理科における理科支援員の活用等、理数教育充実のための条件整備を行い、指導計画に位置付けていきたい。

　理数教育の充実に向けた以上の取組みが、子どもたちの理科離れや算数嫌いの歯止めとなるよう、校長として全力を傾注していく考えである。

22 小学校での外国語活動の取組み

教育課程 ⑪

> 平成23年度からの第5、6学年の外国語活動が必修になりました。外国語活動がスムースに実施されるために、校長としてあなたは、どのような取組みを行いますか。現任校の実態を踏まえ、具体的に述べなさい。
> 　　　　　　　　　　　　　　　　　　　　　　　　　　（想定問題）

テーマを捉える

1　小学校外国語活動導入の背景

　「外国語を通じて、言語や文化について体験的に理解を深め、積極的にコミュニケーションを図ろうとする態度の育成を図り、外国語の音声や基本的な表現に慣れ親しませながら、コミュニケーション能力の素地を養う」ことを目標に、新たに必修化された小学校第5、6学年の外国語活動は、今期教育課程改訂における大きな改善事項である。

　外国語活動導入の背景として、①社会や経済のグローバル化、異なる文化の共存や持続可能な発展に向けての国際協力、さらには、人材育成面での国際競争が進展、加速化していること、②あいさつ、自己紹介などの初歩的な外国語活動は、中学校よりも小学校段階になじみ、また、中学校において、聞くこと、話すこと、読むこと、書くことの4技能を同時に指導することの難しさがあること、などがあげられている。

2　小学校外国語活動導入に向けて配慮すべきこと

　小学校における外国語（英語）活動にあっては、これまで文科省や地方自治体指定による研究開発学校や研究指定校における研究実践、研究開発等の蓄積はあるにせよ、多くの学校にあっては指導計画や指導者等を含め、指導体制が十分確立されていないのが実情である。

　そうした現状を踏まえ、スムースに外国語活動が実施できるよう、事前に十分な準備が求められる。具体的には、小学校における外国語活動の必修化の意義や中学校への接続を考えた小学校外国語活動のあり方について全教職員の十分な理解を得ること、先進校の指導実践に学びつつ、これまでの自校の英語活動の取組みを見直し、「英語ノート」を中心にした指導計画を作成すること、また、指導者としての担任の力量向上も含めた指導体制を確立することなどである。

＜読んでおきたい準拠資料＞
・中央教育審議会答申「幼稚園、小学校、中学校、高等学校及び特別支援学校の学習指導要領等の改善について」（平成20年１月17日）
・「小学校学習指導要領解説　外国語活動編」（平成20年８月）

論文の構成立てをする

序論 小学校第５、６学年での外国語活動必修化の背景
本論 ①小学校における外国語活動導入の趣旨等についての全教職員の共通理解
　　◆　校内委員会が中心となって小学校外国語活動導入の意義等について研修会を実施し、全教職員で共通理解を図る。
　　◆　中学校の英語担当教員と連携し、中学校との接続を視野に入れ

た小学校における外国語活動のあり方について研究する。

②外国語活動の年間指導計画の作成及び指導体制の確立

◆ これまでの自校の英語活動の取組みについて見直しを行い、「英語ノート」を主たる教材とする年間指導計画を作成する。

◆ 担任の英語力と指導法の向上に向けた研修を行うとともに、ALT、英語が堪能な地域人材の確保も視野に、自校としての外国語活動指導体制の確立を図る。

結び 外国語活動の導入への意気込み

> **キーワード**
> コミュニケーション能力の素地　「英語に親しむ活動」
> 「英語ノート」　ALT（Assistant Language Teacher）

模範解答

「外国語を通じて、言語や文化について体験的に理解を深め、積極的にコミュニケーションを図ろうとする態度の育成を図り、外国語の音声や基本的な表現に慣れ親しませながら、コミュニケーション能力の素地を養う」ことを目標に、小学校第5、6学年に外国語活動が必修化されたことは、グローバル化が進展する今日にあって必然的とはいえ、我が国の小学校教育にあっては画期的なことである。この外国語導入が、中学校段階の英語教育の前倒しではなく、体験的に英語に親しみ、喜んで学習して「コミュニケーション能力の素地」を培い、中学校の英語教育にスムースに接続できるという本来の趣旨に沿った意義あるものとするためには、これまでの取組みを踏まえつつ、十全な準備を行う必要がある。幸い、本市においては、これまで、第5、6学年の総合的な学習の時間に、それぞれ年間10単位時間ではあるが、ALTが派遣され、自校

としての「英語に親しむ活動」の指導計画も作成されている。それらの蓄積を生かしつつ、校長として次のような取組みを行っていきたいと考えている。

まずは、小学校における外国語活動導入の意義、小学校外国語活動の目標等について全教職員の共通理解を図ることである。

小学校の外国語導入が、中学校英語教育の前倒しとなることなく、中学校の目標である「コミュニケーション能力の基礎を養う」にスムースに接続できるよう、校内委員会が中心となって小学校外国語活動導入の意義等について研修会を実施し、全教職員で共通理解を図る。また、中学校の英語担当教員と連携し、中学校との接続を視野に入れた小学校における外国語活動のあり方についても研究していきたい。

次に、自校における外国語活動の年間指導計画及び指導体制の確立を図ることである。

教務主任、国際理解教育担当教員、5、6年担任を中心に、これまで実施してきた「英語に親しむ活動」の指導計画を基礎に、文科省から配布された「英語ノート」とその指導計画を参考に、自校の指導計画を作成する。また、指導体制については、学級担任及びALTによるTTの指導を基本にしつつ、地域における英語の堪能な人材の活用を含めての整備を図っていく。さらに、これまでも行ってきた、週3回、朝の職員打ち合わせ時の英語による挨拶や歌、チャンツ練習を継続して行うとともに、中学校の英語担当教員やALTの参加を求めての月1回の英語の授業研究と研修会を行い、担任の英語力と指導法の向上及び教材の開発を行い、自校の外国語活動指導体制の確立を図りたいと考えている。

外国語活動導入が、子どもたちの英語嫌いを増やす結果になってはならない。英語に親しみ、英語活動を楽しむよう、教職員一体となって外国語活動を推進したいと考えている。

23 道徳教育の充実方策

教育課程 ⑫

➡関連テーマ解説
は p.30へ

> 道徳教育の充実による豊かな心の育成が求められています。
> あなたは、校長として、学校における道徳教育をどう充実させるか、そのための具体的な方策について、現任校の実態を踏まえて具体的に述べなさい。
> （想定問題）

テーマを捉える

1　道徳教育重視の背景

　中央教育審議会答申（平成20年1月）は、「豊かな心や健やかな体の育成のための指導の充実」の中で、「子どもたちに、基本的な生活習慣を確立させるとともに、社会生活を送る上で人間としてもつべき最低限の規範意識を、発達の段階に応じた指導や体験を通して、確実に身に付けさせることが重要である。その際、人間としての尊厳、自他の生命の尊重や倫理観などの道徳性を養い……」と、「道徳教育の充実・改善」についての背景を述べ、ややもすると形式化していると指摘されてきた道徳の時間の改善も含め、学校における道徳教育を充実するよう求めている。

2　道徳教育の充実をどう具体化するか

　道徳教育の充実方策について、新学習指導要領の「指導計画の作成と

内容の取扱い」第1項に、「校長の方針の下に、道徳教育の推進を主に担当する教師を中心に、全教師が協力して道徳教育を展開する」よう求めている。すなわち、道徳教育を進めるにあたっては、校長がリーダーシップを発揮し、「道徳教育推進教師」を置くなど、校内の道徳教育推進体制の充実が必要だとしているのである。したがって、今、校長としてやるべきことは、道徳教育充実に向けてどう組織体制を見直し、心の教育を中核にした学校経営構想を打ち立てるかということである。

＜読んでおきたい準拠資料＞
・中央教育審議会答申「幼稚園、小学校、中学校、高等学校及び特別支援学校の学習指導要領等の改善について」（平成20年1月17日）
・「小学校学習指導要領解説　道徳編」（平成20年3月）

論文の構成立てをする

序論 道徳教育重視の背景とその改善点
本論 ①学校全体で心の教育の充実に取り組む組織体制の確立
- ◆ 学校経営の中核に豊かな心の育成を位置付ける。
- ◆ 各教科等との関連を考えた道徳教育の全体計画を作成する。
- ◆ 「心のノート」を始め、適切な道徳資料を開発活用して道徳の時間を充実させる。
- ◆ 「総合的な学習の時間」や「特別活動」を中心に、ボランティア活動や集団宿泊活動などの体験活動を充実させる。

②学校、家庭、地域一体となった心の教育の指導体制の整備
- ◆ 毎学期、道徳の時間を家庭、地域に公開し、心の教育のあり方等について協議する。
- ◆ 道徳教育全体計画の中に、心の教育に関わる地域行事や地域体

験活動を織り込み、指導計画に沿って、保護者や地域人材の指導者としての参加協力を求める。

結び 子どもたちの豊かな心の育成に向けての意気込み

> **キーワード**
> 豊かな心の育成　道徳教育全体計画　道徳教育推進教師
> 「心のノート」の活用　道徳教育地区公開講座

模範解答

　今回の道徳の学習指導要領で特徴的なことは、「道徳の時間」を改めて「学校の教育活動全体を通じて行う道徳教育」の「要」と位置付け、道徳の時間の一層の充実を求めたこと、これまで「校長をはじめ全教師が協力して道徳教育を展開する」としてきたものを、「校長の方針の下に、道徳教育の推進を主に担当する教師（以下「道徳教育推進教師」という。）を中心に、全教師が協力して道徳教育を展開する」として、道徳教育を進めるにあたり、校長のリーダーシップと「道徳教育推進教師」など校内推進体制の整備が必要であるとしたこと、さらに、道徳教育の全体計画作成に当たっては、道徳の内容と各教科等との関連を図り、各教科等の特質に応じて適切に指導することとしたことである。

　私は、こうした学習指導要領の改善点を踏まえ、道徳教育を一層充実させ、子どもたちの豊かな心を育むため、改めてこれまでの自校の道徳教育全体を見直し、校長としてのリーダーシップを発揮して以下の具体策に取り組んでいく所存である。

　まず、豊かな心の育成を学校経営の中核に位置付け、学校全体で心の教育の充実に取り組む組織指導体制をつくりたいと考えている。

　そのためには、今年度から本校でも新たに校務分掌として配置した「道

徳教育推進担当」を中心に各教科主任も交えて、これまでの道徳教育全体計画を見直し、道徳の内容と各教科等との関連を考慮した道徳教育の全体計画を作成させたい。また、道徳の時間の確保はもちろんのこと、「心のノート」を始め、適切な道徳資料を開発活用して、道徳教育の「要」としての道徳の時間を一層充実させるべく、全教職員で道徳授業を互いに見合う研究会を持ちたい。さらに、「総合的な学習の時間」や「特別活動」を中心に、ボランティア活動や集団宿泊活動などの体験活動を充実させ、他者や社会、自然等との直接的な関わりを通して豊かな道徳性を培っていきたいと考えている。

　次に、子どもたちの豊かな心は、学校をはじめ、家庭、地域の中で培われるものであることを踏まえ、学校・家庭・地域が一体となって取り組む体制をつくりたい。

　東京都で行っている「道徳教育地区公開講座」に倣い、自校においても、毎学期、一回全学級の道徳の時間を家庭、地域に公開し、学校での道徳教育の実態を知ってもらうとともに、心の教育のあり方等について保護者、地域の人々と話し合う場を設定する。また、道徳教育全体計画の中に、心の教育にかかわる地域行事などの体験活動を織り込み、その指導計画に沿って、保護者や地域人材の指導者としての参加協力を求め、身近な人々との関わりを通して、子どもたちの心の教育に資していきたいと考えている。

　道徳教育の充実は、「学習指導要領改訂の基本的な考え方」の７項目の一つである。子どもたちの豊かな心をはぐくむため、教職員が一体となって以上のような取組みを行うよう、校長としてのリーダーシップを発揮する所存である。

24 体力・運動能力の向上

教育課程⑬

> 子どもたちの体力・運動能力の向上が求められています。学校をあげて子どもたちの体力・運動能力の向上に取り組もうとする学校に、校長として赴任したとき、あなたは、校長としてどのように取り組んでいきますか。具体的に述べなさい。　　　　　（想定問題）

テーマを捉える

1 体力・運動能力の向上が求められる背景

　平成22年度の「全国体力・運動能力、運動習慣等調査」の結果によると、50m走、立ち幅跳び、ボール投げなどの子どもたちの体力・運動能力は、体力・運動能力の高かった昭和60年以降、低落傾向にあり、依然として向上の兆しはほとんど見えない。

　中教審答申（平成20年1月17日）には、「体力は、人間活動の源であり、健康の維持のほか意欲や気力といった精神面の充実に大きくかかわっており、『生きる力』の重要な要素である」として、「体力の向上など健やかな心身の育成についての指導の充実」を強く求めている。

2 体力・運動能力の向上に向けてどのように取り組むか

　この「体育・健康に関する指導」については、新しい学習指導要領に、

「児童生徒の発達段階を考慮して、学校の教育活動全体を通じて適切に行うものとする」として、体育科の時間はもとより、家庭科、特別活動などにおいて適切に行い、また、家庭や地域社会との連携を図りながら推進することが示されている。子どもたちの体力・運動能力を向上させるためには、学習指導要領の趣旨を踏まえ、「体力・運動能力向上」を学校経営の主要な柱とし、学校を挙げて取り組む体制づくりが重要である。

　　＜読んでおきたい準拠資料＞
・「平成22年度全国体力・運動能力、運動習慣等調査結果」（平成22年12月）
・「小学校学習指導要領解説　体育編」（平成20年8月）

論文の構成立てをする

序論 最新の「体力・運動能力調査」の結果を踏まえた自校の課題
本論 ①学校経営方針の主要な柱として体力・運動能力の向上の設定

- ◆ 子どもたちの体力・運動能力の実態やその向上の必要性及び全体指導計画について全教職員の共通理解を図り、学校を挙げて取り組む指導体制を整備する。
- ◆ 子どもたちが運動の楽しさを実感できるような体育の授業を目指して、教科体育の改善充実を校内重点研究課題に設定し、授業研究を中心に実践する。
- ◆ 学校行事との関連を図った業間運動の積極的な実施、小・中連携によるクラブ活動の実施など、特別活動における体力向上の取り組みを一層推進する。

②日常生活における体育・健康に関する取組みに向けた、家庭・地域社会への積極的な働きかけ

- ◆ 「早寝早起き朝ご飯」のスローガンのもと、規則正しい食事、

適度な睡眠等、基本的生活習慣の確立に向け、養護教諭等を中心に家庭との連携協力を深める。
◆ 地域のスポーツクラブとの連携を図りながら、子どもたちの運動量の増大を目指す。

結び 体力・運動能力向上に向けての意気込み

> **キーワード**
> 体力・運動能力の向上　健康で活力ある生活を送るための基礎
> 業間運動　基本的生活習慣の確立　地域スポーツクラブ

模範解答

　平成22年度の「全国体力・運動能力、運動習慣等調査」の結果がこのほど公表された（平成22年12月）。この調査結果によると、50m走、立ち幅跳び、ボール投げの能力は、体力水準の高かった昭和60年頃と比較して依然低い水準に止まっており、改善の兆しはほとんど見られない。現任校にあっても、男女とも、50m走のみ全国平均よりやや高いものの、立ち幅跳び、ボール投げの能力は全国平均より低い状況にある。

　中教審答申（平成20年1月17日）にも、「体力は、人間活動の源であり、健康の維持のほか意欲や気力といった精神面の充実に大きくかかわっており、『生きる力』の重要な要素である」として、「体力の向上など健やかな心身の育成についての指導の充実」を強く求めている。また、この「体育・健康に関する指導」については、新しい学習指導要領で、「児童生徒の発達段階を考慮して、学校の教育活動全体を通じて適切に行うものとする」として、体育科の時間はもとより、家庭科、特別活動、さらには、家庭や地域社会との連携を図りながら推進するよう示されている。

このたび、子どもたちの体力・運動能力の向上を学校を挙げて取り組むに際し、学習指導要領の趣旨を踏まえ、「体力・運動能力向上」を学校経営の主要な柱に位置付けるとともに、家庭、地域社会と連携を図りながら健康で活力ある生活を送るための基礎が培われるよう、校長としてのリーダーシップを発揮して推進していく所存である。

　まず、平成22年度の「体力・運動能力調査結果」をもとに現任校の子どもたちの体力・運動能力の実態を把握するとともに、その向上に向けてどう取り組むか、全体指導計画について全教職員が共通理解を図り、学校を挙げての指導体制を整備したいと考える。

　また、体育主任、研究主任に働きかけ、子どもたちが運動の楽しさを実感できる、よりよい体育授業を目指した体育指導の改善充実を校内研究課題に設定し、授業研究を中心にした全校協働研究体制を作っていきたい。さらに、中休み20分を業間運動の時間とし、特活部を中心に、年間の学校行事との関連を図って、「なわとび」「マラソン」など体力向上に向けた取組みを積極的に実施していく。

　次に、家庭・地域社会に積極的に働きかけ、子どもたちの日常生活における体育・健康に関する取組みへの理解と協力を求めていきたい。

　具体的には、養護教諭、学校栄養士を中心に家庭に働きかけ、「早寝早起き朝ご飯」のスローガンのもと、規則正しい食事、適度な睡眠など、子どもたちの基本的生活習慣の確立に向けた取組みを強化する。また、現任校には、サッカークラブ、少年野球クラブの地域スポーツクラブが活動しているが、そのスポーツクラブとの連携を図りながら、子どもたちの運動量の増大を目指す取組みも展開していきたいと考えている。

　以上、子どもたちが健康で活力ある生活を送るための基礎づくりとなるよう、体力・運動能力の向上に全教職員一体となって取り組んでいく所存である。

伝統文化の尊重と国際理解教育の推進

> 伝統文化の尊重と国際理解教育を推進する教育が求められています。あなたは、このことをどう捉え、教育課程を編成・実施していく上で、教頭としてどのような点に留意して関わっていきますか。具体的に述べなさい。
> （平成21年度　宮城県・仙台市小・中学校教頭）

テーマを捉える

1　今、なぜ「伝統文化の尊重と国際理解教育」なのか

　改正教育基本法は、教育の目的を実現するための目標の一つに、「伝統と文化を尊重し、それらをはぐくんできた我が国と郷土を愛するとともに、国際社会の平和と発展に寄与する態度を養うこと」と設定し、これからの日本の教育の重要な柱として位置付けた。このことについて、この改正の基となった中教審答申「新しい時代にふさわしい教育基本法と教育振興基本計画の在り方について」（平成15年3月20日）は、「グローバル化が進展し、外国が身近な存在となる中で、我々は国際社会の一員であること、また、我々とは異なる伝統・文化を有する人々と共生していく必要があることが意識されるようになってきた」と述べ、次代を担う子どもたちが、自ら国際社会の一員であることを自覚し、国際社会に貢献しようとするためにも、まずは、自らのアイデンティティを確立す

2 伝統と文化を尊重する教育を具体化し、自校の教育課程に生かす

　改正教育基本法を受けて、学校教育法第21条第3号には、「伝統と文化を尊重し、それらをはぐくんできた我が国と郷土を愛する態度を養うとともに、進んで外国の文化の理解を通じて、他国を尊重し、国際社会の平和と発展に寄与する態度を養うこと」と示され、さらに、新学習指導要領では、国語科での古典の重視、社会科での歴史学習の充実、音楽科での唱歌・和楽器の指導の充実など、各教科等における、我が国と郷土の文化や伝統を受け止め、それを継承・発展させるための教育内容の改善・充実を求めている。こうした改善・充実を、自校の教育課程の編成にどう位置付け、どう具体化を図るかが本設問のポイントである。

＜読んでおきたい準拠資料＞
・中央教育審議会答申「幼稚園、小学校、中学校、高等学校及び特別支援学校の学習指導要領等の改善について」（平成20年1月17日）

論文の構成立てをする

序論「伝統文化の尊重と国際理解教育の推進」が求められる背景と自校の実態

本論①「伝統文化の尊重」を見据え、自校の実態を踏まえた教育課程の見直しと編成・実施、指導体制の確立
　　◆「伝統・文化の尊重」に関わる、学習指導要領改訂の趣旨等について共通理解を図り、その具現化に向けた指導体制を整備する。
　　◆学習指導要領における「伝統・文化の尊重」に関わる改善内容

を踏まえ、各教科等における指導計画を見直し再編成する。
② 「伝統文化の尊重と国際理解教育」について地域と一体となって推進する体制の整備
- ◆ 「伝統文化」「国際理解」に関わる学校及び地域の実態について全教職員の共通理解を図る。
- ◆ 総合的な学習の時間を中心に、地域に受け継がれてきている伝統的な行事や外国の人々との交流について、学び体験する体制を地域の人々とともに作りあげる。

結び 「伝統文化の尊重と国際理解教育」が根づいた学校の姿と教頭としての使命

> **キーワード**
> 伝統文化の尊重　国際理解教育　地域の伝統的な行事の継承

模範解答

　国際化が一層進展する今日、次代を担う子どもたちに、日本の伝統文化を尊重し、郷土や国を愛し、国際社会の一員としての意識を涵養することがますます重要となってきている。この「伝統文化の尊重と国際理解教育」の重要性は、このたびの教育基本法や学校教育法の改正、さらには、学習指導要領改訂に明確に示されたところであり、各学校におけるその具体化が強く求められている。

　現任校では、これまでも地域に伝わるお囃子の継承や百人一首大会など、伝統文化に関わる学習を展開してきてはいるが、学習指導要領全面実施を前に、改めて我が校の「伝統文化の尊重と国際理解教育」を見直し、実態に即した取組を検討していきたいと考える。

　まず、校長の指導を受けつつ、「伝統文化の尊重と国際理解教育」に

関わる目指す子ども像を設定し、その具現化に向け、自校の実態を踏まえた教育課程の見直しと編成・実施の指導体制を確立したいと考える。
　そのために、「伝統文化の尊重」について、改正教育基本法、学校教育法及び学習指導要領改訂の趣旨等について職員会議などを通じて全教職員の共通理解を図るとともに、目指すべき児童像を全教職員で話し合って設定し、その具現化に向けた指導体制を整備する。
　また、教務主任、各教科等主任に働きかけて、学習指導要領における「伝統文化の尊重」に関わる改善内容を改めて確認させ、各教科等におけるこれまでの指導計画を見直し、改めて再編成していく。その際、これまで実践してきた「伝統文化の尊重と国際理解教育」に関わる内容の充実方策や新たに示された内容の指導計画への位置付けなど、実施時期、指導内容、指導時間、指導者などについて具体的に策定させたい。
　次に、総合的な学習の時間を中心に、「伝統文化の尊重と国際理解教育」について地域の人々と一体となって推進する体制を整備していきたい。
　これまでも、教頭は、地域のお囃子や和太鼓クラブ、餅つきなどの窓口としての役割を担っているが、さらに一層、地域の伝統文化などに関わる窓口、コーディネーターとしての役割を果たしていきたい。
　そのために、改めて「伝統文化」「国際理解」に関わる学校及び地域の実態について全教職員の共通理解を図るとともに、これまで実践してきた、お囃子の継承や和太鼓など地域の伝統な行事、ユネスコ協会の協力による外国の人々との交流会などについて、地域の人々の理解と協力の下、一層充実させたいと考えている。
　以上のような取組みを通して、自分の生まれ育った地域を愛し、日本の伝統文化を誇りに思い、国際社会の一員としての自覚をもった子どもたちの育成を図っていく所存である。

「生きる力」の育成と食育

教育課程 ⑮

26

➡関連テーマ解説
は p.21 へ

> 「生きる力」育成に関わって、学校、家庭における食育が重要な課題となっています。あなたは教頭として、このことについてどう考え、その推進に向けて、教職員並びに家庭にどう働きかけますか、現任校の実態を踏まえ、具体的に述べなさい。　（想定問題）

テーマを捉える

1　「食育」とは何か、その基本的な内容について理解しておくこと

　平成17年6月、「食育基本法」が制定された。その前文で、「子どもたちが豊かな人間性をはぐくみ、生きる力を身に付けていくためには、何よりも『食』が重要である」として、「食育」を、○生きる上での基本、○知育、徳育及び体育の基礎となるべきもの、○様々な経験を通じて「食」に関する知識と「食」を選択する力を習得し、健全な食生活を実践することができる人間を育てること、と定義づけ、あらゆる機会と場所を利用し、「積極的に食育を推進するよう努める」よう求めている。

　また、平成19年の「学校教育法」の改正で、児童の栄養の指導及び管理をつかさどる「栄養教諭」が創設され、さらに、翌20年には、「学校給食法」が改正され、「学校給食を活用した食に関する指導の充実」が新たに規定された。

2 「食育」の推進について、実態を踏まえた方策を具体化すること

　栄養教諭の配置が必置でないこともあって、食育の重視を求めた法改正にもかかわらず、学校における食育の推進は未だという感が強い。しかし、子どもたちの朝食欠食や孤食、栄養の偏りによる肥満等、食生活の乱れは、子どもたちの心身に大きな影響を与えており、食に関する指導の充実は、喫緊の学校の課題である。「食のような『私』に属することは家庭でやるべきである」という考え方が依然として学校では根強いが、しかし、だからといって学校が手をこまねいていることは許されない。意図的、計画的な学校教育の強みを生かし、「食育」の重要性について教職員の共通理解を図り、「食」の視点から各教科等の教育課程を見直し、「食」について家庭・地域の協力を得られるよう積極的に働きかける必要がある。

＜読んでおきたい準拠資料＞
・「食育基本法」（平成17年6月17日制定）
・「学校給食法」（平成20年6月改正）

論文の構成立てをする

序論 食育基本法を基にした「食育」についての基本的な考え方及び現任校の実態

本論① 「生きる上での基本としての食育」について教職員の共通理解と、「食」の視点からの各教科等の教育課程の見直しと編成・実施
　◆　「食」に関わる自校の実態、問題点を教職員全体で共有化する。
　◆　「食」の視点から各教科等の内容の関連を明らかにするとともに、「食育」を重視した教育課程及び総合的な学習の時間での「食」

に関わる単元について見直しを図り、編成を行う。
② 「食育」に関わる家庭・地域への協力要請と積極的な働きかけ
◆ 保護者会等で「食」の重要性について周知と理解に努め、給食試食会等を通して「食育」に対する関心の向上を図る。
◆ 地域における食材の学校給食導入等による地域との繋がりを強化するとともに、地域に愛着と誇りをもつ子どもを育成する。

結び 食育の推進充実に向けた教頭としての意気込み

> **キーワード**
> 食育　食育基本法　「食」に関わる単元構成　給食試食会

模範解答

　食育を、「生きる上での基本」「知育、徳育及び体育の基礎」と位置付け、「様々な経験を通じて『食』に関する知識と『食』を選択する力を習得し、健全な食生活を実践することができる人間を育てる」ことを求めた食育基本法が制定されて5年が経過する。同法では、家庭、学校等での子どもたちに対する食育を一層推進するよう求めている。現任校にあっても、朝食抜きや孤食、好き嫌いが激しく給食を残す子どもたちが少なからずいる状況にあるが、教職員の食育に対する関心は低く、その取組みも十分ではない。
　その理由として、教職員の一部の意識の中に、「食のような『私』に属することは家庭でやるべきことである」という考えがあるからだと思われるが、「子どもたちは、学校と家庭、地域の協働の中で育てられるべきである」という基本理念の下、私は教頭として、以下のように、食育を学校の全教育活動と関連させて推進する中で、このような教職員の意識を変え、家庭に積極的に働きかけて、「健全な食生活を実践」でき

る子どもたちを育成したいと考える。

1　「生きる上での基本としての食育」について教職員の共通理解を図り、「食」の視点から各教科等の教育課程を見直し、実践する。

　まず、毎年実施している子どもたちの生活実態調査をもとに、全教職員で子どもたちの「食」に関わる実態や問題点等を明らかにするとともに、食育が、「生きる上での基本」であることについて共通理解を図りたい。その上に立ち、教務主任を中心に、「食」の視点から各教科等の内容の関連を明らかにし、「食育」を重視した教育課程を編成する。

　また、総合的な学習の時間のテーマに「食」を取り上げ、各学年ごとに「食」に関わる単元構成を編成するとともに、学校農園で自ら栽培した野菜などの調理、試食などの直接体験を通して、「食」への主体的な意識を醸成したいと考える。

2　「食育」に関わる家庭・地域の協力について積極的に働きかける。

　保護者会等において、先の生活実態調査等から、「食」と子どもたちの心身の健康や学習との関連性について説明し、「食」の重要性について理解を得るとともに、栄養士や家庭科教諭の協力を得て、給食試食会や簡単にできる朝食等の料理講習会などを実施し、保護者の「食育」に対する関心を高めたい。また、地域でとれた新鮮な食材を学校給食に取り入れるなどを通して、地域との繋がりを深め、地域に愛着と誇りをもつ子どもを育てたい。食育基本法は、教員等に"あらゆる機会""あらゆる場所"で「積極的に食育を推進するよう努める」よう求めている。食育が「知育、徳育及び体育」の基盤であることを改めて考え、子どもたちの食育の充実に教頭として全力を尽くしていきたいと考えている。

27 教師の資質向上 ①

教師力を向上させる
リーダーシップ

➡関連テーマ解説
は p.31へ

> 中教審答申「新しい時代の義務教育を創造する」では"学校力""教師力"が大きく取り上げられ、教師力を高めることが今日、学校の大きな課題となっています。あなたは、校長として自校の教師の力量向上にどう取り組んでいきますか、現任校の実態を踏まえ具体的に述べなさい。
> （想定問題）

テーマを捉える

1 これからの新しい義務教育の姿とは何か

　平成17年10月の中教審答申「新しい時代の義務教育を創造する」では、これからの義務教育の姿として、「子どもたちがよく学びよく遊び、心身ともに健やかに育つことを目指し、高い資質能力を備えた教師が自信を持って指導に当たり、そして、保護者や地域も加わって、学校が生き生きと活気ある活動を展開する、そのような姿の学校を実現することが改革の目標であると考える」として、「学校の教育力（「学校力」）を強化し、教師の力量（「教師力」）を強化し、それを通じて、子どもたちの「人間力」の豊かな育成を図ることが国家的改革の目標である」としている。

　そして、優れた教師の条件を、①教職に対する強い情熱（教師の仕事

に対する使命感や誇り、子どもに対する愛情や責任感)、②教育の専門家としての確かな力量(子ども理解力、児童・生徒指導力、集団指導の力、学級作りの力、学習指導・授業作りの力、教材解釈の力など)、③総合的な人間力(豊かな人間性や社会性、常識と教養、礼儀作法をはじめ対人関係能力、コミュニケーション能力など)の3点にまとめている。

2　優れた教師をどう育てるか

こうした優れた教師を育成するためには、教員養成、採用、研修、評価等の各段階における改革が必要であるが、とりわけ、その教員が勤務している学校現場でのOJT(On The Job Training)が重要である。そこでは、職場の同僚同士のチームワークを重視し、全員のレベルを向上させる視点と個々の教師の資質向上に向けた取組みの視点を組み合わせることが必要であり、そのために、教師を育てようとする当該学校の校長の力量、リーダーシップが極めて重要な役割を果たす。

＜読んでおきたい準拠資料＞
・中央教育審議会答申「新しい時代の義務教育を創造する」(平成17年10月26日)

論文の構成立てをする

序論 中教審答申「新しい時代の義務教育を創造する」の概要
本論 ①学校経営ビジョンの明確化
◆ 学校の実態を的確に把握し、目指すべき学校像、児童生徒像を策定する。
◆ 策定した学校経営ビジョンを教職員、保護者、地域の人々に向けて明確に提示し、理解と協力を求める。

◆ 自ら率先しての経営ビジョンの具体化を図る。

②教職員の学校経営参画意識の醸成

◆ 策定した経営ビジョンに沿って教職員各自の業務分担を明確にする。

◆ 適材適所の校務分掌組織を創り上げる。

◆ 経営ビジョンの具体化に係る進行計画を作成するとともに、進行計画に沿った評価システムを構築する。

③指導力向上に向けた校内研究体制の確立

◆ 学校の実態や課題を踏まえた実践的な校内研究主題を策定する。

◆ 授業研究を軸に据えた研究を推進する。

◆ 授業力向上に向け、互いに切磋琢磨する学校風土を醸成する。

結び 活力ある学校組織づくりへの意気込み

> **キーワード**
> 学校力　教師力　学校経営ビジョン　教職員の学校経営参画意識
> 目標設定と実践計画　授業研究を軸に据えた校内研究の展開

模範解答

「学校の教育力、すなわち『学校力』を強化し、『教師力』を強化し、それを通じて、子どもたちの『人間力』を豊かに育てることが国家的改革の目標である」

これは、平成17年10月に出された中教審答申「新しい時代の義務教育を創造する」に述べられた「新しい義務教育の姿」の一節である。

「いじめ」をはじめ、様々な課題に直面する学校にあって、ここにある「学校力」「教師力」といった学校現場の力を一層高め、生き生きと

活力あふれる学校を創り上げることが喫緊の課題であるが、そのためには、何よりも、学校組織の活性化に向けた校長の力強いリーダーシップが重要である。そこで、その具現化に向け、校長として以下の三点を強力に推し進めていきたいと考えている。

　まず第一は、学校の実態をもとに、教職員や保護者、地域の人々に「見える」、具体的な学校経営ビジョンを策定し、それを明確に教職員、保護者、地域の人々に提示する。

　学校経営ビジョンを具現化するのは、教職員であり、それを支え、協力してくれるのは、保護者、地域の人々であってみれば、その経営ビジョンは具体的、実践的で、実現可能なものでありたいと考えている。

　活力ある学校組織を創り上げる第二は、策定した学校経営ビジョンを教職員と共有化し、教職員の学校経営参画意識を高めることである。

　よく、学校組織は、組織の体をなしていないと言われるが、それは、学校として達成しようとする目標が不明確であり、組織の構成員たる教職員が、その目標達成に向けて協働して関わらないからだと考える。そこで、学校経営ビジョンの具体化という目標に向けて、校務分掌組織をもとに、教職員それぞれがどう関わるのかを意識した目標設定と実践計画を作成し、その都度、評価する仕組みを整えていきたいと考えている。

　その第三は、「教師力」充実方策である。

　まず第一は、学校の「教師力」の中核は、言うまでもなく「指導力」である。その「指導力」向上を目指す校内研究体制を確立したいと考えている。「研究は誰かのためにやるのではなく、自らのためにこそ行うのである」は、現任校の校長の言葉であるが、これに倣い、授業研究を軸に据えた校内研究を展開し、授業力向上に向けて互いに切磋琢磨する学校風土を醸成する。

　以上のような取組みを通して、活力ある学校組織形成に向けて、校長としてのリーダーシップを発揮していきたいと考えている。

28 教師の資質向上② 教師の意識改革

➡関連テーマ解説
は p.41へ

> 今日の社会情勢を踏まえ、県民のニーズに応える学校教育を推進していくために、どのような「教職員の意識改革」が必要だと考えますか。その考えを踏まえ、校長としてどのように対応していくか、現任校の実態を踏まえ、具体的に述べなさい。
>
> （平成21年度　京都府小・中学校長）

テーマを捉える

1　今日の教育改革の動向と求められる教職員の「意識改革」

「教育は人なり」と言われるように、教員の資質・能力の向上はいつの時代にあっても学校教育に求められる重要な課題である。とりわけ、様々な教育改革が進行する大きな教育転換期、しかも、いわゆる団塊の世代の大量退職時代を迎え、増え続ける若手教員の授業力を始めとする資質・能力の向上は極めて重要な喫緊の課題である。

京都府にあっても、「『京の子ども、夢・未来』プラン21―京都府の教育改革―」で、「府民の信頼を高める学校づくり」として、豊かな人間性、広い社会性、高い専門性を備えた情熱（HEART）ある教員の育成に努めるとして、その資質能力を、Health（心身ともに健康）、Expert（専門的力量）、Action（実践力と多様な経験）、Responsibility（責任感と

熱意)、Teamwork（組織的・計画的な職務の遂行）と示している。そして、その具体化として、「がんばる先生・支援プラン―意欲・情熱を持った教員の育成」として、①教員の意欲を高め、指導力向上を図る研修等の充実、②教職員の資質・能力を高める教職員評価制度の取組みの充実を掲げている。

2　現任校の教職員組織の課題と校長としての具体的方策

いわゆる団塊世代の退職に伴う若手教員の増加によって、若手教員の授業力を含めた教師としてのExpert（専門的力量）を培うことが最も重要な課題となっているが、現任校の教職員の実態を的確に踏まえた具体的な課題が導き出せるかが鍵である。また、その方策についても、「研修の充実」と「教員評価制度の積極的な活用」といったそれぞれの県の教育施策と連動した具体策を導き出すことができるかがポイントとなる。

＜読んでおきたい準拠資料＞
・中央教育審議会答申「新しい時代の義務教育を創造する」（平成17年10月26日）

論文の構成立てをする

序論 現任校における教員の「意識改革」に関わる課題
本論 ①校内研究をはじめとする研修の充実による教職員の指導力向上
◆　授業研究を柱に、教材研究をはじめ、学習指導計画の協働作成、相互授業参観など、互いに切磋琢磨する校内研究体制を整備、若手教員の授業力向上を図る。
◆　自己のライフスタイルに応じた研修計画に基づく研修の実施と

条件整備を行う。

②教員評価制度の積極的な活用を通しての資質向上策の具体化
◆ 新たな教員評価制度の意義である教職員と管理職との双方向的なコミュニケーションを通しての自己申告と業績評価との連動評価システムを生かして教職員の資質向上を図る。

結び 意欲と情熱に満ちた「教師」であるべく、その資質向上と意識改革に向けた校長としての意気込み

キーワード

Health（心身ともに健康） Expert（専門的力量） Action（実践力と多様な経験） Responsibility（責任感と熱意） Teamwork（組織的・計画的な職務の遂行） 教員評価制度の積極的な活用 教職員の自己変革

模範解答

今日、子どもたちや保護者の価値観が多様化し、学校や教師へのニーズも複雑かつ拡大しつつある中、説明責任を常に意識し、柔軟かつ的確に対応する教師としての力量の向上が強く求められている。京都府の教育改革「京の子ども、夢・未来21」でも豊かな人間性、広い社会性、高い専門性を備えた情熱（HEART）ある教員として、その資質能力を、Health（心身ともに健康）、Expert（専門的力量）、Action（実践力と多様な経験）、Responsibility（責任感と熱意）、Teamwork（組織的・計画的な職務の遂行）と示しているところである。

現任校にあっては、いわゆる団塊世代の退職に伴う若手教員の増加が顕著なこともあり、授業力を含めた教師としてのExpert（専門的力量）を培うことが最も重要な課題と考えている。そこで、校内研修を含めた

研修の充実と教員評価制度の積極的な活用を通して教師としての専門的力量を向上させるべく校長としての指導力を発揮していきたいと考える。

まず、第一は、校内研究をはじめとする研修の充実による教職員の指導力向上である。

校内研究は、何をおいても授業研究を柱にすべきだと考えている。研究主任を中心に、教材研究をはじめ、学習指導計画の協働作成、相互授業参観など、互いに切磋琢磨する校内研究計画を立てさせ、若手教員の授業力向上に向けた校内研究体制の整備に努めたい。

また、初任者研修をはじめとする必修研修や、研究団体等での研修等、自己のライフスタイルに応じた研修計画を作成させ、その計画に基づいた研修が行えるよう条件を整え、教職員の資質向上に努めていきたい。

第二は、教員評価制度の積極的な活用を通しての資質向上である。

平成18年度から始まった新たな教員評価制度は、教職員の自己変革能力を高め、資質・能力を向上させる目的で制度化されたものであり、これまでの管理職による一方向的な教員評価制度と異なり、教職員と管理職との双方向的なコミュニケーションを通しての教職員の自己申告と管理職による評価とを連動させた評価システムである。

この教員評価制度の趣旨を生かし、自己目標設定時や、年度途中、年度末の自己評価時など、個々の教員との十分なコミュニケーションを図り、相互の信頼関係を醸成するとともに、達成状況への適切な指導助言を通して教職員の資質向上につなげたい。

「父親になるのはたやすい。しかし、父親であることは難しい」と言ったのは、ドイツの詩人、ウィルヘルム・ブッシュである。この「父親」を「教師」に置き換えたい。そして、様々な課題が山積する中、府民の信頼に足る意欲と情熱に満ちた「教師である」べく、その資質向上と意識改革に向けて校長として全力を傾注する所存である。

29 教師の資質・能力の育成に生かす教員評価

教師の資質向上 ③

➡関連テーマ解説
は p.22へ

> 本県では、教職員の能力開発と人材育成を目指して、来年度から自己申告と業績評価を軸とした新たな教員評価制度を実施することとしています。あなたは、校長として、本教員評価制度実施の趣旨をどのように考えていますか。
> その考えの上に立って、どのようなことに配慮して教員評価を行いますか。現任校の実態を踏まえて具体的に述べなさい。(想定問題)

テーマを捉える

1　新たな教員評価の意味

　従来の形骸化した教員の勤務評定に替わり、新たな教員評価制度を導入する県が増えてきている。この新たな教員評価制度導入の背景には、これまでの教員評価であった勤務評定が、評価の基本である、公平・公正性、客観性、透明性等を十分担保することができず、管理職による一方的な評定になって、教員の意識改革や資質能力の向上、学校組織の活性化につながらなかったことにある。そういう状況を転換するべく、教員の自己申告と目標管理、評価者と被評価者とのコミュニケーション、業績評価を基本とした双方向的な評価を意図して新たな教員評価制度が導入されてきたのである。

2 本問では何が問われているのか

　本設問では、従来の勤務評定と異なる新たな教員評価制度の趣旨（教員の意識改革と資質能力の向上、学校組織の活性化を図る等）を十分に把握しているかどうか、また、新たな教員評価制度の趣旨を押さえ、適正に実施するための校長としての具体的な方策を有しているかどうかが問われている。そのことを踏まえた上で、現任校の実態に基づく具体的な記述が求められる。

＜読んでおきたい準拠資料＞
・「東京都区市町村立学校教育職員の人事考課に関する規則」（東京都教育委員会　平成11年12月）ほか

論文の構成立てをする

序論 新たな教員評価制度の趣旨と自校の教員の実態
本論 ①**教員との定期的なコミュニケーションを通しての信頼関係の醸成**
- ◆　新たな教員評価制度の趣旨及び内容について、十分な周知理解を図る。
- ◆　明確で具体的な学校経営方針を提示する。
- ◆　自己申告達成状況等にかかわり、定期的な教員とのコミュニケーションを通して、教員との信頼関係を醸成する。

②**業績評価を通しての教員の資質向上、学校組織の活性化**
- ◆　管理職としての評価能力を高め、公正で的確な業績評価を行う。
- ◆　定期的な授業観察、それに基づく指導助言や相互の意見交換を通して、教員の能力開発に結び付ける。
- ◆　教員の職務遂行能力についての評価を学校の組織及び人事管理

に反映させる。

結び 新たな教員評価制度を学校の活性化に結び付ける校長としての意欲

> **キーワード**
> 自己申告による目標管理　業績評価　能力と業績に応じた人事管理　職務目標の設定　双方向的コミュニケーション　校長の評価能力の向上　教員の能力開発と学校組織の活性化

模範解答

　教員の資質が厳しく問われている状況の中で、現任校においても、明らかに指導力不足とはいえないまでも、保護者等から苦情が寄せられる教員は数名おり、こうした教員の指導力向上は、現任校にとって大きな課題である。

　こうした中、この度、自己申告による目標管理と業績評価からなる新たな教員評価制度が導入されるようになった。大いに歓迎したい。それは、新たな教員評価制度導入が、能力と業績に応じた人事管理を通じて、教員の意識改革と資質能力の向上、学校組織の活性化を図ることにあるからである。

　この新たな教員評価制度を教員の資質向上等に結び付け、意義あるものとするためには、適正な実施に向けての校長のリーダーシップが重要である。以下、校長として、適正な教員評価に向けての具体的な方策を述べる。

　まず、新たな教員評価制度は、教員の自己申告と業績評価からなるが、その仕組みや趣旨について十分な周知と理解を図るとともに、定期的な教員とのコミュニケーションを通して、教員との信頼関係の醸成に努めたい。

これまでの勤務評定が形骸化してきた要因の一つに、評価者としての校長と被評価者としての教員の間でのコミュニケーションが十分ではなく、一方向的であったことがあげられるが、同じような轍を踏んではならない。教員が適切な職務目標を設定できるよう、校長として明確な学校経営方針を提示するとともに、その設定時や、年度途中の目標の追加、変更時、年度末の自己評価時など、その達成状況等に応じて適切な指導助言を行い、新たな教員評価制度の趣旨を生かし、教員との信頼関係を創り上げていきたいと考える。

　次に、新たな教員評価制度が信頼に足るものであるためには、評価者としての校長の評価能力を高め、公正で的確な業績評価を行うことが重要である。

　計画的な授業観察等を通して教員の職務遂行の具体的事実を把握し、それらを評価基準に照らして適正に評価するとともに、定期的な授業観察や相互の意見交換を通して、教員の能力開発と学校組織の活性化に努めていきたい。

　新たな教員評価制度が、教員の資質能力の向上、学校組織の活性化に結びつくよう、校長として、評価能力を高めるとともに、適正な評価とコミュニケーションを通して相互の信頼関係を一層醸成すべく努力する所存である。

30 教職員の不祥事根絶に向けた学校管理職のリーダーシップ

教師の資質向上 ④

➡関連テーマ解説は p.34へ

> 体罰で生徒に怪我を負わせたことが明るみになって学校の信頼が大きく揺らいだ学校があります。この学校にあなたが校長として赴任したとして、こうした教職員の不祥事根絶に向けた学校管理職のあり方についてあなたの考えを述べなさい。　　　　　（想定問題）

テーマを捉える

1　教師の不祥事による影響の大きさ

　体罰、わいせつ・セクハラ、飲酒運転による交通事故等、教師の不祥事が後を絶たない。こうした服務事故が一旦起きると、そうした事故を起こした教職員はもとより、職務上、身分上の監督者である校長もまたその責任を問われることになる。そして、それにもまして重要な問題は、当該学校に対する、児童生徒、保護者、地域の人々の信頼を一挙に失うことである。信頼をなくした学校の信頼回復の道程は長い。

2　学校の信頼回復に向けた校長のリーダーシップ

　本事例にあっては、先ず何よりも学校の信頼回復に向けた管理職の強いリーダーシップが求められるとともに、このような不祥事を二度と起こさないという強い決意のもと、服務に対する定期的な研修を実施し、

服務事故は教師として決して許されない行為であるとする教職員の意識を醸成することが必要である。

体罰事故が起きる学校は、体罰を容認する学校風土があるといわれるが、服務事故は、その学校がもつ風土に大きく関係する。教職員相互が協働して教育活動を展開する、明るくオープンな雰囲気をもった学校風土を形成するとともに、保護者、地域に開かれた学校づくりを一層推進し、学校、保護者、地域がともに協力して子どもたちを育てるという意識を確立するよう努めることが重要である。

<読んでおきたい準拠資料>
・「平成21年度　教育職員に係る懲戒処分等の状況について」（文部科学省　平成22年12月）※例年12月公表の最新の調査結果（前年度分）を押さえておくこと。
・地方公務員法第31条、32条、33条、34条、35条、37条
・教育公務員特例法第17条、18条

論文の構成立てをする

序論 教職員の服務違反による学校教育への影響の大きさ

本論① 学校の信頼回復に向けての取組みと服務事故に関する研修会の定期的な実施

◆ 体罰事故に対する事実の究明と被害者への謝罪、教育委員会及び保護者、地域への経緯説明と報告等を行い、学校の信頼回復に努める。

◆ 服務事故根絶に向け、服務事故の事例をもとにした研修会を定期的に実施する。

②学校の協働体制の確立、及び、明るくオープンな雰囲気をもった学校風土の形成
- ◆ 教職員が互いに協力し合い、助け合って学校教育活動を展開するとともに、明るくオープンな雰囲気の学校風土を形成する。
- ◆ 保護者、地域に開かれた学校づくりを一層推進する。

結び 保護者・地域の信頼を取り戻す取組みへの意欲

> **キーワード**
> 教員の三大服務事故(体罰、わいせつ・セクハラ、飲酒運転)　学校の信頼回復　明るくオープンな雰囲気の学校風土の形成

模範解答

　体罰、わいせつ・セクハラ、飲酒運転による交通事故等、教職員の不祥事が後を絶たないが、一旦、こうした不祥事が起これば、不祥事を起こした当人はもとより、その職務上、身分上の監督者である校長にも厳しくその責任が問われ、事故の内容によっては、履歴に登載され、永く不本意な教職生活を余儀なくされたり、時には職を失う処分が下されたりすることもある。そして、それにも増して重要なことは、これまで築き上げられてきた学校の信頼が一挙に崩れてしまうことである。

　かつて勤務していた学校で、体罰事件が保護者の訴えで明るみになり、大きな問題となったことがあった。地域からの評判が一度に下がり、当該教員が異動してもなお、地域からの信頼がなかなか回復しなかったことを思い出す。信頼をなくした学校の信頼回復の道程は長いことを改めて感じたことであった。

　さて、事例のような学校に管理職として赴任したとき、こうした教職員の不祥事根絶に向けて以下のような取組みを精力的に推進していきた

いと考えている。

　まず何よりも、体罰事故で揺らいだ学校の信頼の回復に努めることである。

　そのためには、今回の体罰事故に対して包み隠さずその事実を明らかにし、被害者への謝罪を行うとともに、事態の経緯について、教育委員会及び保護者、地域への説明と報告等を行い、このような不祥事を二度と起こさないという強い決意を示す必要がある。

　次に、服務事故に関する研修会の定期的な実施である。

　服務事故は、どんな学校でも起こり得るという強い危機感をもって、服務に対する定期的な研修を実施し、服務事故は教師として決して許されない行為であるとする教職員の意識を醸成していかなければならない。その際、個々の事例をもとに、その要因、影響等について具体的に指導していきたいと考える。

　さらに、体罰事故が起きる学校は、体罰を容認する学校風土があるといわれるように、服務事故は、その学校がもつ風土にも関係する。教職員相互が協働して教育活動を展開する、明るくオープンな雰囲気をもった学校風土を形成することが重要である。また、保護者、地域に開かれた学校づくりを一層推進し、学校、保護者、地域がともに協力して子どもたちを育てるという意識を確立したいと思う。こうした内外に開かれた学校づくりによる様々な情報の共有化が、教職員の不祥事を未然に防ぐことになるのだと考える。

　信頼を無くした学校の、信頼回復の道程は長い。そのことを胆に銘じ、学校としての説明責任を果たしつつ、開かれた学校づくりを推し進め、保護者・地域の信頼を取り戻すべく着実に進んでいきたいと考えている。

31 新たな主幹制度導入による学校運営の活性化

⑤ 教師の資質向上

➡関連テーマ解説はp.23へ

> 本県では、学校における組織運営体制の一層の充実を図るため、平成21年度から主幹教諭を配置しました。教頭として主幹教諭の職をどのように活用し、組織的・機動的な教育活動を行いますか。主幹教諭に期待される役割を踏まえ、具体的に述べなさい。
>
> （平成21年度　広島県教頭）

テーマを捉える

1　新たな「職」としての「主幹教諭」配置の意義をどう捉えるか

　学校教育法等の一部改正（平成19年）は、学校に「副校長、主幹教諭、指導教諭、栄養教諭その他必要な職員を置くことができる」ようにし、その主幹教諭の職務を、「校長（及び副校長）及び教頭を助け、命を受けて校務の一部を整理し、並びに児童の教育をつかさどる」ことと示した。

　この新たな「職」としての主幹教諭の配置は、校長、教頭の管理職以外は全てフラット、同格といった、組織の体をなしていない、いわゆる「鍋ぶた型」組織と揶揄されてきたこれまでの学校組織を、校長のリーダーシップの下、組織的・機能的な学校運営を実現する組織へと転換を図るものであり、また、形骸化され、機能不全に陥っていると指摘され

てきた主任に代わるミドルリーダーとしての役割を担うものである。

2　配置された主幹教諭をどう学校の活性化に結び付けるか

　主幹教諭は、学校のミドルリーダとして、学校管理職と教職員を繋ぎ、間をとりまとめ、教職員をリードし、学校を活性化させるキーマンである。そうあるためにも、教頭として側面から指導援助するとともに、校長―教頭―教諭のラインに主幹教諭を明確に位置付けた学校組織を作り、日常の学校運営にどう生かすかの工夫が求められる。

　さらに、現任校の実態に即して、主幹教諭の所掌校務を何にするかを考え、具体的な活用を図る方策を明らかにしていく必要がある。例えば、教務主任に配置するのであれば、その所掌校務である教育課程の編成・実施・管理について、その分掌の状況把握や進行管理等に、教頭としてどう働きかけその具体化を図るか、などである。

＜読んでおきたい準拠資料＞
・学校教育法　第37条2項、9項

論文の構成立てをする

序論 新たな「職」としての主幹教諭配置の意義と背景
本論 ①主幹教諭配置の趣旨、職務内容についての全教職員の共通理解
　　◆　新たな「職」である「主幹教諭」配置の趣旨、職務内容、学校組織への位置付けについて、所属教職員をはじめ、保護者、地域の人々に対して、丁寧な説明を通して周知の徹底を図り、理解、協力を求める。
　　②ミドルリーダーとしての主幹教諭を位置付けた学校組織の見直し
　　◆　校長―教頭―教諭のラインに主幹教諭を明確に位置付けた学校

組織を作り、日常の学校運営に生かす。

◆ 教務主任として主幹教諭を配置し、教育課程の編成・実施・管理について、常にその分掌の状況を把握させ、目標に即した進行管理を促していく。

結び 主幹教諭の力量向上と学校活性化に向けての教頭としての意気込み

> **キーワード**
> 新たな「職」としての主幹教諭の配置　組織的・機能的な学校運営の実現　ミドルリーダー　学校活性化のキーマン

模範解答

　このたび、「校長（及び副校長）及び教頭を助け、命を受けて担当する校務について一定の責任を持って取りまとめ、整理し、他の教諭等に対して指示することができる」新たな「職」として、主幹教諭が配置されるようになった。この主幹教諭の配置は、校長、教頭の管理職以外は全てフラットといった、組織の体をなしていない「鍋ぶた型」組織と揶揄されてきたこれまでの学校組織を、校長のリーダーシップの下、組織的・機能的な学校運営を実現する組織へと転換を図るものであり、また、形骸化され、機能不全に陥っていると指摘されてきた主任に代わるミドルリーダーとしての役割を担うものである。

　こうした新たな「職」としての主幹教諭配置の趣旨を十分踏まえ、校長の意を体して、教頭として主幹教諭を支え、指導しつつ学校活性化に結びつけていきたいと考えている。

　そのために、まず、主幹教諭配置の趣旨、その職務内容等について、全教職員及び保護者等に対して説明し、趣旨の徹底と理解を図りたい。

　新たに設置される主幹教諭は、教頭を補佐し、校務分掌の責任者とし

て、所掌する校務の進行管理を行い、必要に応じて教諭等に指示することにより、円滑な校務運営に努めることが求められている。こうした「職」は、これまでの学校組織にはなかったものである。そこで、校長の指導の下、教頭として、主幹教諭として新たに任命された教諭にはもちろん、所属教職員に対しても、主幹教諭配置の趣旨、その職務内容、学校組織への位置付けについて、丁寧な説明を行い、周知徹底と理解、協力を求めるとともに、保護者、地域の人々にも同様に説明し、理解と協力を求めていきたい。

　次に、校長の経営ビジョンの具現化に向けて、ミドルリーダーとしての主幹教諭を位置付けた学校組織の見直しを図りたい。

　主幹教諭が、学校のミドルリーダとして、学校管理職と教職員を繋ぎ、間をとりまとめ、教職員をリードし、学校を活性化させるキーマンとなるよう、教頭として側面から指導援助するとともに、校長－教頭－教諭のラインに主幹教諭を明確に位置付けた学校組織を作り、日常の学校運営に生かしたい。具体的には、現任校においては、教務主任として主幹教諭を配置したいが、その所掌校務である教育課程の編成・実施・管理について、目標、計画等を作成させ、常にその分掌の状況を把握し、進行管理するよう促していきたい。

　主幹教諭の力量を高めることは、学校を一層活性化させる。教頭として、主幹教諭に対する適切な指導助言を通して、よき主幹教諭としての力量の向上に努め、学校を活性化させるべく努力する所存である。

32 教師の資質向上⑥

若手教師の資質の向上

> ➡関連テーマ解説
> は p.31へ

「団塊世代」の退職に伴い、ベテランから若手の教員への世代交代が進んでいます。こうした世代交代が、学校力の低下に結び付くのではないかと危惧されており、若手教員の資質向上が喫緊の重要な課題になっています。あなたは、校長として、若手教員の資質向上にどう取り組みますか。現任校の実態を踏まえて具体的に述べなさい。

(想定問題)

テーマを捉える

1 教職員の世代交代による課題は何か

いわゆる「団塊世代」の大量退職に伴い、新規採用教員が増え、学校組織におけるベテラン教員から若手教員への世代交代が首都圏を中心に進んできている。

こうした世代交代による課題の第一は、経験の浅い若手教員の増加による、指導力をはじめとする学校全体の教育力の低下であり、第二は、新規採用教員をはじめとする若手教員の増加に伴う学校組織の年齢及び経験のアンバランスによる、学校全体の一体感の弱体化、学校経営方針の周知徹底および教育諸活動の連携協力の難しさである。

2 若手教員増加に伴う課題をどう解決するか

　学校組織におけるベテラン教員から若手教員への世代交代は、学校経営の根幹にもかかわる重要かつ喫緊の課題である。こうした認識のもと、学校組織の世代交代が、これまで築いてきた学校力を落とすことなく、学校組織の活性化と若手教員の資質の向上に結び付くためには、学校管理職のリーダーシップのもと、若手教員の育成とその能力開発を軸にした学校の組織体制の見直し、その再構築を図るとともに、校内研究を一層充実させ、あわせて、人事考課制度を活用した個々の教員のライフスタイルに応じた研修計画の作成と実施に向けて、その条件整備を行うことが必要である。

＜読んでおきたい準拠資料＞
・教育職員養成審議会答申「教員の資質能力の向上方策等について」（昭和62年12月18日）
・中央教育審議会答申「教育基本法の改正を受けて緊急に必要とされる教育制度の改正について」（平成19年3月10日）

論文の構成立てをする

序論 学校教職員の世代交代の現状と自校の課題
本論① 若手教員育成と能力開発を軸にした学校組織の再構築
　◆　全教職員参画のもと、学校教育目標の具現化に向けた学校経営全体計画を確認し、それぞれの教職員の役割について自覚させる。
　◆　若手教員をベテラン教員に貼り付けるなど、複数で校務を分担するよう校務分掌組織を見直すとともに、校務計画、進行管理、評価を常に明らかにして活動を展開させる。

②若手教員の力量アップを軸にした校内研究の充実及び個々のライフスタイルに応じた研修体制の確立
- ◆ 授業研究を柱に校内研究を実施し、相互に授業参観を行い、若手教員の授業力向上に努める。
- ◆ 初任者研修をはじめとする必修研修や、研究所等での選択研修、さらには、研究団体等での研修など、自己のライフスタイルに応じた研修計画に基づき研修を行う。

結び 教職員の世代交代を学校組織の活性化に生かす校長の意気込み

> **キーワード**
> 若手教員の能力開発、資質向上　学校組織体制の見直し　校務分掌組織の見直し　初任者研修　ライフスタイルに応じた研修計画

模範解答

　学校教職員の世代交代が進んでいる。自校でもそうだが、近隣の学校においても、新規採用教員をはじめ、採用5年目未満の教員が全体の3割近くを占め、その割合は今後も増える傾向にある。こうした若手教員の増加は、学校全体を活気あるものにはするが、指導力不足によって、学級経営に困難を来たす学級も増えてきている。以前であれば、保護者、地域が、若手教員の成長を見守り、余裕をもって対応してくれるケースもあったが、最近では、若手教員の指導力に問題があった場合、待ったなしの即対応が求められ、学校管理職が苦慮しているということも聞くことが多くなった。若手教員の能力開発、資質向上は、今後の学校経営の根幹にもかかわる重要かつ喫緊の課題である。

　以上のような認識のもと、学校組織の世代交代が、これまで築いてきた自校の学校力を落とすことなく、学校組織の活性化と一層の充実に結

び付くために、私は、学校管理職として、以下の方針の実現に向けてリーダーシップを発揮したい。以下具体策を述べる。

　まず第一は、若手教員の育成とその能力開発を軸にした学校の組織体制の見直し、その再構築を図ることである。

　そのために、年度当初、職員会議等を通して、学校教育目標の具現化に向けた学校経営全体計画を確認し、それぞれの教職員が学校教育目標具現化にどう関わっているかを自覚させたい。そのことが、学校経営への協働と参画意識につながるものと考える。

　また、校務分掌組織の編成にあたっては、若手教員の能力開発を視点に、若手教員をベテラン教員に貼り付けるなど、できるだけ複数で校務を分担するよう校務分掌組織を見直したい。さらに、年度始め、各分掌毎に、校務計画を立てさせ、進行管理、評価を常に明らかにしながら活動を展開し、その成果、実績を確認できるようすることが大切と考える。

　第二は、校内研究を一層充実させ、併せて、人事考課制度を活用した個々の教員のライフスタイルに応じた研修計画の作成と実施に向けて、その条件整備を行うことである。

　校内研究は、何をおいても授業研究を柱にすべきだと考えている。相互に授業参観を行い、授業力向上に向けて互いに切磋琢磨する学校風土の形成に努めたい。

　また、人事考課を活用し、初任者研修をはじめとする必修研修や、研究団体等での研修等、自己のライフスタイルに応じた研修計画を作成させ、その計画に基づいた研修を行えるよう条件を整え、教職員の資質向上に努めていきたいと考えている。

　学校組織の世代交代が、学校力を落とすことなく一体感をもって生き生きとした学校組織につながるよう、以上のような取組みに校長として全力を尽くしていく所存である。

33 教師の資質向上 ⑦

教職員の健康管理

➡関連テーマ解説
は p.33へ

> 本県では、精神疾患のために病気休職する教職員が増えてきている傾向にあり、教職員のメンタルヘルス（精神保健）への配慮が一層重要になってきています。あなたは、校長として、このことについてどのように取り組みますか。具体的に述べなさい。　（想定問題）

テーマを捉える

1　教職員の休職者の増加とその要因、それを踏まえた職場環境の整備

　文部科学省調査によれば、平成21年度、小中高の教職員の病気休職者数は8,627人で過去最高、そのうち精神疾患による休職者は、約63％を占め、10年前の3倍で5,458人とこれも過去最高となった。こうした精神疾患による休職者が増えた要因として、各都道府県等教育委員会は、①児童生徒や保護者との関係が変化し、以前の指導や対応では解決が難しくなった、②職場での支え合いが以前より希薄になった、③業務が多くなったの3点を挙げている。こうした状況を受けて、文部科学省は初等中等教育企画課長通知（平成22年1月20日）を出し、学校管理職に、「学校教育は教育職員と児童生徒との人格的な触れ合いを通じて行われるものであり、教育職員が心身ともに健康を維持して教育に携わることができるような職場環境を整える」よう強く求めた。

2　教職員のメンタルヘルス保持に向けた校長のリーダーシップ

　先の初等中等企画課長通知で、教職員のメンタルヘルス保持に向けて、学校管理職が、①会議や行事の見直し等による校務の効率化、一部の教師に過重な負担がかからない適正な校務分掌の整備を行うこと、②日頃から、教職員が気軽に周囲に相談したり、情報交換したりすることができる職場環境を作るよう特段の配慮を行うこと、③心の不健康に陥った教職員の早期発見・早期治療に努めること、④病気休職者が学校に復帰する場合には、当該教職員への理解と協力が得られるよう環境を整備することを求めている。各学校における教職員のメンタルヘルス保持の具体化にあたっては、これらの方策及び現任校の実態を踏まえつつ、活力ある学校組織、教師集団の形成に向けて、校長としてのリーダーシップを発揮した具体的方策を示すことが必要である。

＜読んでおきたい準拠資料＞

・「平成20年度教育職員に係る懲戒処分等の状況、服務規律の確保及び教育職員のメンタルヘルスの保持等について」（文科省初等中等教育企画課長通知　平成22年1月20日）

論文の構成立てをする

序論 学校における教職員のメンタルヘルスの管理の重要性と課題意識
本論 ①教職員が心の不健康に陥ることを未然に防止する取組み
- ◆　文部科学省の調査における精神疾患の休職者が増えた理由と、その解決に向けた学校のあり方について明らかにする。
- ◆　活力ある学校組織に向けて、①校務の精選と平均化による校務分掌の整備と職場内コミュニケーションの活発化、②学級経営、

生徒指導等の課題への組織的対応、③授業研究を中軸とした校内研究の充実が必要である。

②心の不健康状態に陥った教職員への対応

◆ 早期発見に努めるとともに、心の不健康状態に陥った教職員の負担軽減、治療の保障、回復後の復職支援について適切に対応する。

◆ 医療機関や教育委員会との密接な連携を通して適切な対応を図る。

結び 心身ともに健康で明るい教師集団形成に向けての意気込み

> **キーワード**
> 教職員のメンタルヘルス　職場内コミュニケーションの活発化
> 早期発見　職場復帰　医療機関や教育委員会との密接な連携

模範解答

　平成21年度の文部科学省の調査によると、全国の小中高の教職員で病気休職した数は8千人を超えて過去最高となり、そのうち、「うつ」などの精神疾患は5千人と全体の6割を占め、10年前の3倍に達したという。教員の心の健康の問題は、教員個人の健康管理上の問題に止まらず、子どもたちの学習や人格形成に重大な影響を及ぼし、学校教育そのものへの信頼をも揺るがしかねない極めて大きな課題である。

　幸い現任校には、そうした精神的に不健康な教職員はいないが、いつでもそういう事態が起こりうるという危機感をもって教職員のメンタルヘルス問題に取り組んでいきたい。

　まず、教職員が心の不健康に陥ることを未然に防止する取組である。

　先の文部科学省の調査によると、精神疾患の休職者が増えた理由とし

て、子どもたちや保護者の変化について行けず、これまでの指導や対応では解決が難しくなってきたこと、職場での支え合いが以前より希薄になってきたこと、さらに、業務が増え、忙しくなってきたこと等が挙げられている。私は校長として、こうした課題に適切に対応できる職場環境を整備し、明るく活力に富んだ学校組織を形成したいと考える。

　そのために、まず、一部の教員に職務が集中することがないよう校務分掌組織を整えるとともに、今年度から導入されたミドルリーダーとしての主幹教諭を活用し、職場内のコミュニケーションをより活発化し、何でも話せる明るく元気な職場の雰囲気を作り上げたい。また、学級経営や生徒指導等で困難な事態が発生した場合、担任一人が抱え込むのではなく、校長はもとより、教頭、教務主任、生徒指導主任も含め学校全体、組織として対応し、解決に当たりたい。さらに、授業研究を中軸にした校内研究を充実させ、教職員相互が切磋琢磨し、互いに支え合い、学び合う中で、それぞれの指導力を向上させ、協働して事に対処する、活力に満ちた学校組織を作り上げたいと考える。

　次に、不幸にして、精神疾患の教職員が出た場合の対応である。

　まずは、心の不健康状態にある教員の早期発見に努めるとともに、その教員に対する負担軽減、治療の保障、さらには、回復した場合の適切な復職支援を行うことである。その際、医療機関や教育委員会との密接な連携と協力を取りつつ、時宜を得た対応を行うとともに、休職に至った教員に対しては、職場復帰に向けて適切な支援を行いたい。

　教員は教育活動を通して常に子どもたちと接し、子どもたちの人格形成に大きな影響力を持つ。教師が心身ともに健康であれば、子どもたちもまた心身ともに健康に育つ。心身ともに健康で明るい教師集団形成に向け、校長としてその先頭に立って努力する所存である。

34 「教師の品格」の維持とリーダーシップ

教師の資質向上 ⑧

➡関連テーマ解説
は p.34/238へ

> 最近、「○○の品格」と題する書籍がベストセラーになるなど、品格ということばをよく耳にするようになりました。あなたは、「教師の品格」をどのように捉え、その品格を保つために、教頭としてどのように教職員を指導していきますか。具体的に述べなさい。
>
> （平成20年度　愛媛県小・中学校教頭）

テーマを捉える

1　「教師の品格」をどう捉えるか

教師としての権威の喪失、モラル低下が言われて久しい。平成22年10月に文部科学省が発表した平成21年度の「教育職員に係る懲戒処分等の状況」では、三大服務事故と言われる交通事故、体罰、わいせつ行為等の懲戒処分者は、それぞれ378人（前年度比44人減）、150人（前年度比10人増）、138人（前年度比22人減）で、体罰の増加が目立つ。また、分限処分は、全体で8,869人で、そのうち病気休職が8,627人と過去最高、病気休職のうち、精神疾患によるものが、5,458人とこれも過去最高となった。こうした教師のモラルや質の低下の背景を踏まえて「教師の品格」とは何かを考える必要がある。

2　「教師の品格」を維持、向上させる教頭としての取組みを具体的に述べる

　「教師の品格」をどのように捉えるにせよ、その維持、向上を教頭としてどう図るかが次の課題である。解答例では、授業研究を中心にした校内研究の充実・活性化による授業力の向上が、「教えることへの誇りと自信」を、その授業研究の過程が、教えることについての「誠実で謙虚な姿勢」を、また、学びの場にふさわしい静謐で美しい学校環境の整備が、「教師としての高いモラル」を育成し、維持するものとしている。

　いずれにしても、「教師の品格」を考える場合、その根底に、教師という職は人を教え、育むという極めて人間的な営みであり、そのことに畏れと誇りを自覚するという認識が必要であり、それを管理職として、どう教職員に意識化させるかが重要である。

論文の構成立てをする

序論 藤原正彦著『国家の品格』になぞらえての「教師の品格」についての自らの考え

本論 ①校内研究の充実・活性化を通して、一人ひとりの授業力を向上させる取組み

- ◆　授業研究を柱に互いに切磋琢磨する校内研究体制の確立を通して一人ひとりの授業力向上を図り、「教えることへの誇りと自信」につなげる。
- ◆　よりよい授業を創り上げようとする過程が、「誠実で謙虚な姿勢」につながる。

②学びの場にふさわしい静謐で美しい教育環境を整備する取組み

- ◆　学びの場にふさわしい学校、学級の教育環境の必要性について述べる。

◆ 「教師のモラルの向上」には、適切な言語環境、静謐な中に緊張感が漂う教室、学びの場にふさわしい教師や子どもたちの立ち居振る舞い、明るさと清潔感が漂う校内といった学校環境が必要である。

結び 「教師の品格」を高めることへの教師としての自覚

> **キーワード**
> 教えることへの誇りと自信　教師としての高いモラル　誠実で謙虚な姿勢　教師の品格　静謐で美しい学校の教育環境

模範解答

　藤原正彦氏の著『国家の品格』によれば、国家の品格の指標は、①誇りと自信をもった国家としての独立不羈、②高い道徳、③美の源泉としての田園の存在、④天才の輩出としているが、この考えを参考に、私は、教師の品格として、「教えることへの誇りと自信」「教師としての高いモラル」「誠実で謙虚な姿勢」を挙げたいと考える。

　高い専門性と実践力に裏付けられた、自らの職への誇りと自信、使命感は、教師の品位を保ち、子どもたちや保護者から尊敬され、信頼される基盤となる最も重要な品格である。また、人を教え導く教師であればこそ、その言動に、人として、教師としての高いモラルが求められ、さらに、教育は人の一生をも左右しかねない仕事であることから、教えることへの誠実で謙虚な姿勢が必要とされるのである。

　こうした教師の品格の維持、向上に当たっては、校内研究の充実、活性化と静謐で美しい学校環境の整備が必要である。以下、教頭としての立場からその具体策を述べる。

　まず、校内研究の充実・活性化を通して、一人ひとりの授業力を向上

させる取組みである。

　校内研究は、授業研究を中核にして、教材研究、学習指導案作成等、全教職員が共同して行うことが重要である。そのために、研究主任に働きかけて、学習指導案を共同で作成し、授業研究を互いに見合い、研究協議を通して、その成果と課題を共有化するといった互いに切磋琢磨する校内研究体制を確立し、教師一人ひとりの授業力向上に結びつけたい。授業力、指導力の向上は、教えることへの自信と誇りに結びつき、また、そうしたよい授業を創り上げようとする過程が、子どもたちと誠実に向き合うことの大切さや教えることの難しさ、謙虚な姿勢を育て、そのことが教師の品格の維持、向上につながると考える。

　次に、静謐で美しい学校の教育環境を整備することである。

　学校、学級は、子どもたちが、教師や子どもたち同士との関わり合いを通して人として成長していく学びの場である。そうした学びの場としての学校、学級にあって、その場にふさわしい教育環境がなければならない。教師の言葉遣いを始めとする適切な言語環境、静謐な中に緊張感が漂う教室、学びの場にふさわしい教師や子どもたちの服装や立ち居振る舞い、明るさと清潔感が漂う校内、こうした学校環境は、教師のモラルの向上に大きな意味をもつ。こうした学びの場にふさわしい学校環境の整備に教頭として先頭に立つ考えである。

　教師としての権威の喪失、モラルの低下が言われて久しい。私は教頭として、教職員が、日々の教育指導に手応えを感じ、教えることへの喜びと誇りを持つ学校づくりに向けて全力を尽くす覚悟である。そのことが教師の品格を高めることにつながると信じるからである。

35 指導力不足教員を生まない教師集団のスキルアップ

教師の資質 ⑨上向

➡関連テーマ解説は p.31へ

> 教育職員免許法が改正され、平成21年4月から「教員免許更新制」が導入された。本県では教育のプロフェッショナルとしての教職員の育成を掲げているが、あなたは、校長として、自校教師の研究と修養について、どのような計画を立て、また、教師同士が学び合う組織をどうつくるか具体的に述べなさい。　　　　　　（想定問題）

テーマを捉える

1　教師としての資質・能力の向上をどう図るか

　教師としての資質・能力の維持・向上は、いつの時代にあっても変わらぬ学校教育における大きな課題である。この教師としての資質・能力は、基本的には、その教師の所属する学校で養われ、高められる。すなわち、一人ひとりの教職員が、よりよい授業づくりに向けて、校内研究をはじめ、日々の教育指導に生きる手応えを感じるなかで、教師としての資質・能力を高めていくのである。したがって、今日求められていることは、そうしたことのなし得る学校の組織及び協働研究体制であり、そうした学校の形成に向けて、教職員を統率する学校管理職の強いリーダーシップである。

2　免許更新制度をどう活用するか

　平成21年度から免許更新制度が導入されたが、10年毎、30時間の講習で、教師としての資質が担保できるほど教職は安易ではない。個々の免許更新講習が意味を持つかどうかは、自らの教師としての資質・能力、とりわけ、指導法の向上を求めて、校内研究をはじめ、10年次経験者研修等の指定研修、さらには研究団体での自主研修など、自己のライフスタイルに応じた研修をどう計画的に実施するか、その研修システムの構築いかんにかかっている。

　　＜読んでおきたい準拠資料＞
・教育職員養成審議会答申「教員の資質能力の向上方策等について」（昭和62年12月18日）
・中央教育審議会答申「教育基本法の改正を受けて緊急に必要とされる教育制度の改正について」（平成19年3月10日）

論文の構成立てをする

序論 教員免許更新制度導入の背景と意義
本論 ①校内研究体制の活性化
　◆　学校の実態や課題を踏まえた実践的な校内研究を推進する。
　◆　授業研究を軸に据えた校内研究の展開を図る。
　②教職員が生きる手応えを感じる学校組織の構築
　◆　適材適所を基盤に、それぞれのよさが発揮できる校内分掌組織を作りあげる。
　◆　様々な教育活動を協力して実施する校内協働体制を確立する。
　◆　互いに支え合い、高め合う学校風土を醸成する。

③ **目標設定に基づく自己研修システムの構築**
- ◆ ライフスタイルに応じた自己研修の目標と計画を設定する。
- ◆ 自己研修計画に基づき研修及び評価を実施する。
- ◆ 管理職による授業参観等の定期的実施と協議を通して自己の教師としての資質を高める。

結び 校内研究を軸に据えた学校経営への意欲

> **キーワード**
> 教員免許更新制度　校内研究体制を活性化　授業研究を軸
> ライフスタイルに応じた自己研修システムの構築

模範解答

　教員免許法が改正され、平成21年度から教員免許更新制度が導入された。この制度導入は、当初の指導力不足教員対応から、教員の知識・技能の定期的な「刷新」へと、ややトーンダウンしたものの、長年の懸案であった教師の資質向上に向けての一つの足がかりになることは間違いない。しかしながら、30時間の講習で、教師としての資質が担保できるほど教職は安易ではないことも事実である。日々、子どもたちと接して教え方を工夫し、よりよい指導法を求めて教師集団と切磋琢磨するなかで、教師としての指導力が向上するのである。

1　教師の指導力向上に向けて、校内研究体制を活性化させる。

　前任校の校長は、年度初めの校内研究会で、決まって、我々教師全員に向かって、「教えることについて非力であることを自覚すること」「研究は自分のためにやることを確認すること」「上手な授業でなくてもよいから、常に子どもたちに誠実に対する授業をすること」の3点を話された。この言葉から、謙虚な研究姿勢、研究への意欲、そして、実践研

究の大切さを学び、校内研究は活気を帯びるものとなった。

「授業をみてほしい」「もっと自分の力を高めたい」と思う若い教師、「よい刺激を受けた」「自分のこれまでの授業は甘かった」と話す年配の教師。まさに教師としての力量を高めていく姿を数多く見ることのできた校内研究であった。

このように、まずは、授業研究を軸にした校内研究を展開し、互いに切磋琢磨する中で、教師としての力量は高まっていくのである。

2　教師それぞれが、**教師として生きる手応えを感じる学校を構築する**。

前記の校内研究の活性化は、勢い、他の教育活動の活性化につながり、学校組織の活性化につながる。授業を見合い、様々な教育活動を協働して取り組む中で、より人間関係が深まり、それぞれの教師の良さが見えてくる。また、教師集団のなかで、自己の存在を改めて自覚することにもなる。

このことは、互いに支え合い、高め合う学校風土の形成を意味するものであり、こうした風土のなかで、個々の教師は、教師としてのやりがいを感じ、さらなる力量の向上に結び付くのである。

教師としての資質の向上に向けた方策は、このほかにもライフスタイルに応じた自己研修システムの構築などいくつかあろうが、日々の教育指導が即自己を高める研修と考えれば、校内研究が極めて重要な役割を果たす。そうした意味で、管理職としてリーダーシップを発揮し、校内研究を軸に据えた学校経営を展開していきたいと考えている。

36 個人情報の適切な管理

教師の資質向上 ⑩

> 今日の学校では、情報化の進展に伴い個人情報をより適切に管理することが重要な課題の一つとなっています。しかし、現実には、児童生徒の個人情報が流失してしまうような事案も発生しています。そこで、あなたの学校において、個人情報を適切に管理する上での課題を三つあげ、教頭の立場に立って、その解決策を具体的に述べなさい。
> （想定問題）

テーマを捉える

1 後を絶たない個人情報の漏洩問題

　毎年、学期末や年度末には、決まったように通知表の紛失や成績などの個人情報が入ったパソコンの盗難などの事件が新聞紙上を賑わす。そして、こうした事件が起きるたびに、学校の個人情報の収集、保管、活用等の杜撰さが指摘され、教職員の人権感覚や危機管理意識の低さが問題とされるが、一向に後を絶つ気配はない。

　一方、最近はやや下火になってはきているが、「個人情報の保護に関する法律」（平成15年5月30日公布・施行、個人情報取扱事業者の義務規定は平成17年4月1日施行）が出された折には、個人情報の提供を一切拒否するなどの神経質な保護者の対応や、名簿等個人が特定されるも

のは一切出さないなどの学校の過剰な反応が見られたものであった。本設問は、こうした個人情報保護を巡る学校の危機管理のあり方を問おうとしている。

2　個人情報保護に関わる基本的な認識を持つ

　公立学校における個人情報の管理等は、各自治体の個人情報保護条例で規定されていることが多いが、その基本的な内容はOECDの個人情報保護の8原則（①収集制限の原則、②データ内容の原則、③目的明確化の原則、④利用制限の原則、⑤安全保護の原則、⑥公開の原則、⑦個人参加の原則、⑧責任の原則）に依拠していることが多い。

　また、コンピュータによる個人情報の収集、保管、活用が拡大する中で、その適正な管理、活用を示した文部科学省通知「学校における個人情報の持出し等による漏えい等の防止について」（平成18年4月21日）や、学校における緊急連絡網の作成等について示した文部科学省解説書「『学校における生徒等に関する個人情報の適正な取扱いを確保するために事業者が講ずべき措置に関する指針』解説」（平成18年2月1日改訂）などがある。これらについて、十分な理解を持つ必要がある。

<読んでおきたい準拠資料>
・「学校における個人情報の持出し等による漏えい等の防止について」
　（文部科学省通知　平成18年4月21日）

論文の構成立てをする

序論 個人情報をめぐる社会問題の動向と自校の課題
本論 ①個人情報の保護に関する教職員の意識の向上
　　◆　個人情報保護に関する研修等を開催し、意識の向上を図る。

②個人情報の校内管理体制の確立
◆ 個人情報の収集、保管、活用、提供等の実務責任を教頭に一元化する。
③個人情報保護についての家庭への理解と周知
◆ 個人情報の取扱いについて、丁寧に説明し、理解を求める。

結び 個人情報の適切な管理・活用に向けての意気込み

> **キーワード**
> 個人情報漏洩事件　個人情報の保護　個人情報監督者
> 個人情報管理台帳　デジタル情報　サーバーの管理

模範解答

　通知表、あるいは成績等が入力されたフロッピーディスクを紛失したといった個人情報漏洩事件が後を絶たない。一方、個人情報の保護を盾に、保護者が必要な情報を提供せず、児童の健康や安全に重篤な支障をもたらした問題などをよく耳にする。こうした個人情報を巡る問題が増えてきた背景には、情報化社会の進展に伴い、個人情報保護の動きが整備されつつある状況にもかかわらず、大量の個人情報を保有する学校が、依然としてその取扱いに無防備で、慎重さを欠くこれまでの体質を温存しているからではないだろうか。

　こうした体質は、自校にあっても例外ではない。そこで、個人情報に係る事故を未然に防ぎ、個人情報を適切に管理、活用する上での自校の課題を以下の３点と考え、その課題解決に向けて校長の指導の下、教頭として全力を尽くしたいと考えている。

1　個人情報の保護に関する教職員の意識の向上
　まず、個人情報の保護の重要性について教職員の意識を高めるべく、

個人情報保護に関する研修会を全教職員で定期的に持つようにする。

　平成17年4月全面施行の個人情報の保護に関する法律をはじめ、平成18年4月の文科省通知「学校における個人情報の持出し等による漏えい等の防止について」等、個人情報保護に関する法令や通知等の理解を深め、自校の「個人情報管理指針」を作成し共通理解を図るとともに、「情報の漏えい」事例などの研修を通じ、個人情報保護に関する教職員の意識を高めたい。

2　個人情報の校内管理体制の確立

　次に、個人情報の管理及び責任のあり方について教職員間での共通認識を持つとともに、個人情報を安全に保管し、活用する校内管理体制を整備する必要がある。

　「個人情報監督者」の校長の下、個人情報の収集、保管、活用、提供、廃棄等の実務責任を教頭に一元化すること、個人情報の保管は施錠できる保管庫に収納し、鍵は教頭が管理、そのアクセスには教頭の許可を得て「個人情報管理台帳」に記入して行うこと、コンピュータ処理によるデジタル情報には特に慎重を期し、作業は校内で行い、決して校外に持ち出さない、サーバーは教頭が管理するなどを徹底していきたい。

3　個人情報保護についての家庭への働きかけと周知

　第三に、保護者等から得た個人情報は何の目的で、どのように活用するかなど、学校としての個人情報の取扱いについて保護者等に十分説明し、理解を求めていきたいと考える。

　個人情報の保有は必要最小限に留める、守秘義務を徹底する、原則、保護者の同意を得て情報提供をお願いするなど、学校が得る個人情報について、保護者会や学校便りなどを通して丁寧に説明し、理解と協力を求め、学校と家庭との信頼関係をより深めていきたい。

　以上のような取組みを通して、個人情報に係る事故を未然に防ぎ、個人情報を適切に管理、活用すべく教頭として全力を傾注する所存である。

37 心の教育の充実方策

児童生徒 ①

➡関連テーマ解説は p.30 へ

> あなたが、校長として、地域で評判の"荒れた学校"に赴任したとして、子どもたちの心の教育を第一に学校経営を展開したいと考えた場合、どのように心の教育の充実方策について取り組みますか。具体的に述べなさい。
> （想定問題）

テーマを捉える

1 「心の教育」を中核に据えた生徒指導体制の確立

毎年文部科学省から発表される「生徒指導上の諸問題の現状」は、校種によって、多少の数値の変動はあるにせよ、暴力行為、いじめ、不登校等、依然として深刻で憂慮すべき状況を示している。こうした状況を変えるためには、これまでの問題対応型の生徒指導体制もさることながら、問題行動を未然に防ぐ「心の教育」を中核に据えた生徒指導体制の確立が必要であり、そのための校長のリーダーシップが強く求められる。

2 「心の教育」を中核に据えた学校経営をどう具体化するか

全教職員が、子どもたちの問題行動の早期発見、早期対応に努める生徒指導体制を確立するとともに、学校経営方針の中核に、「心の教育」を据え、教職員の共通理解を得て、すべての場での「心の教育」の指導

体制を確立する。また、保護者、地域、関係諸機関との連携協力を図りながら、「道徳教育地区公開講座」、地域清掃、「あいさつ運動」など、地域ぐるみでの健全育成活動に取り組むことが重要である。

　　＜読んでおきたい準拠資料＞
・「平成21年度児童生徒の問題行動等生徒指導上の諸問題に関する調査」
　（文部科学省　平成22年12月22日）
・「生徒指導上の諸問題に関する調査研究会報告書」（生徒指導上の諸問題に関する調査研究会　平成17年6月）

論文の構成立てをする

序論「いじめ」「荒れ」等にまつわる社会問題の動向
本論①「心の教育」を中核とした学校経営方針のもと、全校一体となった生徒指導の展開
　　◆　問題行動等を含めた自校の健全育成上の課題について全教職員の共通理解を図るとともに、生徒指導主任を中心に、教育相談も含めた生徒指導体制を確立する。
　　◆　「心の教育」を中核として学校経営方針のもと、生徒指導及び道徳教育の全体計画を作成し、その計画に基づき具体的に教育活動を展開する。
　　◆　自校の実態に基づき、豊かな人間関係を築くための特色ある教育活動を展開する。
　②「心の教育」推進に向けた保護者、地域との連携協力体制の確立
　　◆　「心の教育」を中核とした学校経営方針の理解協力を求め、連携協力体制を築く。
　　◆　「道徳教育地区公開講座」など保護者、地域に向けた教育活動

を積極的に行う。
◆ 地域をあげての「あいさつ運動」など、地域の健全育成事業を展開する。

結び 子どもたちの健全育成に向けての取組みへの意欲

> **キーワード**
> 児童生徒の問題行動　「心の教育」を中核とした学校経営方針　勤労生産やボランティア活動などの体験活動の積極的導入　道徳教育　地区公開講座　保護者、地域、関係諸機関との連携協力

模範解答

　近年相次いで起きた「いじめ」による自殺をはじめ、暴力行為や不登校など、児童生徒の問題行動は、相変わらず深刻で、憂慮すべき状況が続いている。こうした状況の中で、児童生徒の健全育成は、いわゆる「荒れた学校」はもちろんのこと、そうでない学校にあっても決して疎かにしてはならない極めて重要な教育課題である。特に問題行動に対しては、様々なアンテナを張り巡らせて予兆行動を見逃さず、早期発見に努めることが大切であるが、不幸にも問題行動が起きた場合、早期に組織的に対応することが重要である。

　本課題である、"荒れた学校"に赴任した校長としての取るべき対応について、校内指導体制の確立と保護者・地域との連携協力体制という二つの視点から以下述べる。

1　「心の教育」を中核とした学校経営方針のもと、全校一体となった指導を展開する。

　まず、校内の"荒れ"の沈静化に努めなければならない。そのために、子どもたちの"荒れ"の実態を全教職員参加のもと的確に把握するとと

もに、その対応策について全教職員が共有し、個々の具体化を図る必要がある。その際、問題を起こす子どもへの対応をあいまいにすることなく毅然とした態度で接するとともに、必要に応じて保護者をはじめ、関係諸機関への協力を要請する。

　一方、こうした"荒れ"に対する直接的な対応とともに、自分自身を見つめ、相手を思いやり、「いのち」を大切にし、集団や社会に尽くそうとする「心の教育」を中核とした学校経営方針の下、生徒指導及び道徳教育の全体計画を作成し、その計画に基づいた具体的な教育活動を展開することが必要である。また、自校の実態を踏まえ、全校生徒が取り組める勤労生産やボランティア活動などの体験活動を積極的に取り入れ、自校独自の豊かな人間関係を築く教育活動を展開していきたい。

2　「心の教育」推進に向けて、保護者、地域との連携協力体制を確立する。

　保護者や地域に向けて、子どもたちの"荒れ"に対する学校の取組みを示し、理解と協力を得ることが何よりも重要である。その上で、常時授業公開を行うなど、保護者や地域に開かれた学校づくりを推進していきたいと考える。

　また、保護者、地域に向けた「道徳教育地区公開講座」などの教育活動を積極的に展開するとともに、地域をあげての「あいさつ運動」の実施など、保護者、地域ともども、協働して子どもたちの健全育成を推進する体制を作り上げることが必要だと考えている。

　依然として本校における暴力行為等の"荒れ"は生徒指導上の大きな課題である。こうした問題行動に対して、早期発見、早期対応に努める生徒指導体制の確立とともに「心の教育」を一層充実させることが必要である。校長として、そうした取組みに全力を傾注して子どもたちの健全育成に努めていく所存である。

38 不登校児童生徒を出さない学校指導体制

児童生徒 ②

> 減る傾向を見せない児童生徒の不登校の問題は、学校教育、とりわけ、児童生徒の健全育成を標榜する生徒指導にあって極めて重要な課題です。あなたは、校長として、このことをどう考えますか。その考えを踏まえ、不登校の子どもたちを出さない学校をどうつくるか、具体的に述べなさい。　　　　　　　　　　（想定問題）

テーマを捉える

1　不登校児童生徒の実態はどうなっているか

　生徒指導上の諸問題に関する調査によれば、平成21年度に30日以上欠席した不登校児童生徒数は、小学校で2万2,327人、中学校で10万105人という結果であった。中学校における不登校生徒数は平成10年度以降、平成17年度を除き、10万から11万人の間を推移、出現率も平成21年度には2.77％と100人に3人が不登校という深刻な事態に陥っている。

2　不登校を生まない学校をどうつくりあげるか

　学校の不登校児童生徒への様々な対応にもかかわらず、このように依然として深刻な状況にあることは、不登校問題を解決する即効的な対応策はないということである。

したがって、校長としてやるべきことは、一人ひとりの児童生徒が、学ぶ手応えを感じ、安定感、存在感を実感できる魅力ある学校を着実に創り上げ、不登校を生み出さない学校環境をどう創るかということであり、不登校生徒に対しては、早期解決に向け、学校全体で連携協力して対応する指導体制を確立することである。

＜読んでおきたい準拠資料＞
・「平成21年度児童生徒の問題行動等生徒指導上の諸問題に関する調査」（文部科学省　平成22年12月22日）
・「今後の不登校への対応の在り方について（報告）」（不登校問題に関する調査研究協力者会議　平成15年4月11日）
・「不登校への対応の在り方について」（文部科学省初等中等教育局長通知　平成15年5月16日）
・パンフレット『不登校への対応について』（文部科学省　平成15年）

論文の構成立てをする

序論 中学校における不登校生徒数の現状と課題
本論 ①生徒一人ひとりが学ぶ手応えを感じ、安定感、存在感の実感できる魅力ある学校づくり
◆　基礎学力の定着を図り、学ぶ意欲をはぐくむ指導の充実を図る。
　・「わかった」「できた」という達成感・充実感が得られる授業づくり
◆　子どもたちの「心の居場所」となるような学級・学校づくりに取り組む。
　・互いに認め合い、それぞれのよさが発揮できる特別活動の充実
　・自らの生き方や将来への夢をはぐくむ体験学習の充実

②不登校生徒に対する全校指導体制の確立

- ◆ 不登校生徒の早期発見・対応を原則に、生徒理解の充実と学校教育相談体制の整備を図る。
- ◆ 不登校生徒を抱える担任を中心に、学校全体で協力して対応する指導体制を確立する。

結び 不登校児童生徒の縮小への意気込み

> **キーワード**
> 不登校問題　早期発見・早期対応　「心の居場所」　安定感、存在感の実感できる魅力ある学校　学校教育相談体制

模範解答

　生徒指導上の諸問題に関する調査によれば、平成21年度、中学校における30日以上欠席した不登校生徒数は、10万人、出現率は約2.8％、100人に3人という深刻な状況にあることがわかった。中学校における不登校生徒数は平成10年度以降、平成17年度を除き、10万から11万人の間を推移しており、こうした不登校問題は、依然として中学校が抱える大きな教育課題として、その適切な対応が強く求められている。

　この不登校問題について、これまで各学校は手をこまねいていたのではなく様々な対応や取組みを行ってきたにもかかわらず、今日もなお深刻な状況にあることは、不登校問題を解決する抜本的、即効的な対応策はないということである。

　そうした基本認識のもと、校長としてのリーダーシップを発揮して、一人ひとりの生徒が、学ぶ手応えを感じ、安定感、存在感を実感できる魅力ある学校を着実に創り上げ、不登校を生じさせないことが大切である。また、不登校生徒に対しては、早期解決に導くべく、一人ひとりに

目をかけ、学校全体で連携、協力して対応する体制を確立することが必要であると考える。以下、具体策を述べる。

まず、不登校の生徒を生み出さないために、生徒一人ひとりが、学ぶ手応えを感じ、安定感、存在感の実感できる楽しい魅力ある学校を創り上げることである。

具体的には、基礎学力の定着を図り、学ぶ意欲をはぐくみたい。そのためには、教師が教材研究を徹底し、指導法を工夫してよりよい授業づくりを目指すとともに、少人数指導等を通して一人ひとりに応じたきめ細かい指導を行い、生徒一人ひとりが、「わかった」「できた」という達成感・充実感が持てるようにする必要がある。そして、自らの授業力向上に向け、互いに授業を見合い、切磋琢磨する学校風土が、不登校生徒を生み出さない最良の方策と考える。また、特活主任を中心に合唱祭や体育祭などの学校行事を始めとする特別活動を充実させ、互いのよさを認め合い、よりよい人間関係を築き、「心の居場所」としての学校づくりを目指したい。さらに、保護者、地域の協力を得ながら職場体験やボランティア活動などの体験活動を充実して、生徒が自らの生き方や将来への夢をはぐくめるような指導を行う。

次に、不登校生徒へは、教職員全員で対応するという共通認識をもって臨みたい。

そのために、教職員の生徒理解を促し、学校教育相談体制を整備して、不登校生徒の早期発見に努めるとともに、不登校生徒を抱える担任を全校で支え、教頭を始め、各主任、養護教諭等が連携協力して対応する全校指導体制を確立したいと考えている。

不登校児童生徒の問題は、依然として極めて深刻な状況である。不登校の児童生徒が一人でも少なくなるよう、校長として魅力ある学校づくり、「心の居場所」としての学校づくりに向け、保護者・地域の協力を得ながら推し進めていきたいと考えている。

39 児童生徒③ いじめをしない・させないための校内指導体制の確立

➡関連テーマ解説は p.36へ

> いじめを苦にした児童生徒の自殺が後を絶たず、学校におけるいじめ問題への対応は、喫緊の重要な課題です。自校においてもいじめが顕在化し、いじめを受けた児童が転校するという事態になりました。あなたは校長として、今後そうした事態を起こさないための取組みをどう行いますか。具体的に述べなさい。　（想定問題）

テーマを捉える

1　いじめ問題の実態はどうなっているか

　平成21年度の「児童生徒の問題行動等生徒指導上の諸問題に関する調査」によると、平成21年度の小学校、中学校のいじめの認知件数は、それぞれ3万4,766件、3万2,111件で、前年度より小学校で6,041件、中学校で4,684件減少している。また、認知学校数も、小学校で7,043校、前年度より394校の減、中学校で5,876校、前年度より354校の減となっている。この減少傾向は調査方法を改めた平成18年度からその傾向をたどっているが、件数が減ったことが重篤ないじめ問題の減少に直接につながらないところに、いじめ問題の大きな課題がある。

2　いじめを許さない学校をどうつくりあげるか

　近年、相次いでおき、大きな社会問題となった"いじめ自殺"をめぐる議論は、このところやや沈静化の傾向にあるようにみえる。しかし、「いじめは、どの学校でも、どのクラスでも、どの子にも起こり得る」「いじめは許されない行為である」という全教職員の共通理解のもと、引き続き組織的な対応を図るとともに、子どもたち一人ひとりが存在感、有用感を自覚し、「生きる手応え」を感じる学級、学校づくりを推し進めることが重要である。

　　＜読んでおきたい準拠資料＞
・「いじめの問題への取組の徹底について」（文部科学省初等中等教育局長通知　平成18年10月19日）
・「いじめ問題への緊急提言」（教育再生会議有識者委員一同　平成18年11月29日）
・「平成21年度児童生徒の問題行動等生徒指導上の諸問題に関する調査」（文部科学省　平成22年12月22日）

論文の構成立てをする

序論 いじめ問題に対する校長の姿勢
本論①いじめ問題の重要性の認識と、校長を中心に全校指導体制の組織化
　　◆　顕在化したいじめについて、当事者だけでなく保護者、友人等から情報を収集し、事実関係を的確に把握するとともに、他にもいじめはないか総点検を実施する。
　　◆　校長を中心に全教職員一致して組織的に対応する体制を確立し、緊密な情報交換、共通理解を図る。

◆ 個人情報の取り扱いに十分留意しつつ、いじめの正確な情報や学校としての対応方針等を教育委員会、保護者に報告し、連携を図る。

②**存在感、有用感を自覚できる学級、学校づくりの推進**

◆ 「いじめは人間として絶対に許されない」という意識を徹底するとともに、いじめを許さない学級、学校の風土を創り上げる。

◆ 自己の存在感、有用感を自覚し、「生きる手応え」を感じる集団づくりを推進する。

結び いじめのない学校づくりに向けた意気込み

> **キーワード**
> 「いじめをしない・させない」学校　事実関係の的確な把握　いじめ総点検　自己有用感・自己存在感

模範解答

　いじめ問題は、それが顕在化しにくい面があり、そのことが、対応を困難にしていることも多いが、本事例は、それが顕在化し、いじめを受けた児童が転校する事態となったとある。いじめで転校を余儀なくされるまで問題を大きくしてしまったことについては、学校管理責任者として厳しくこの事態を受け止め、適切に対応する必要があるが、同時に、この事態をいじめをなくすチャンスと捉え、いじめ解決に向けた校内指導体制を確立し、「いじめをしない・させない」学校に変えることも、校長としての責任の取り方である。そこで、いじめのない学校づくりを目指して、以下の2点を強力に推し進めたい。

　まず第一は、教職員全員が、いじめ問題の重要性を改めて認識し、いじめに対して一致協力して対応するという校内の指導体制を確立するこ

とである。

　今回のいじめによる転校については、学級担任を中心に、当事者、当事者の保護者、友人関係等から情報を収集し、事実関係を的確に把握するとともに、その加害者に対しては毅然として指導を行う必要がある。その指導経緯についても、当事者の保護者並びに教育委員会に報告するとともに、謝罪すべきであれば誠実に謝罪すべきである。

　また、これと並行して、他にいじめはないか、全校で総点検を行うとともに、いじめのあるなしにかかわらず、教職員が、いじめについて緊密な情報交換や共通理解が図れるよう、生徒指導主任を中心に、いじめ問題に特化した組織をつくり、いじめの早期発見と一致協力して迅速に対応できる校内指導体制を確立することが急務と考える。

　第二は、いじめをなくす本質的、長期的対応である。

　すべての子どもたちが、日々の学校生活で、自己存在感、自己有用感を実感し、「生きる手応え」を感じることができれば、そこにいじめは決して存在しない。そうした「生きる手応え」を感じる学校風土を着実に醸成することが、いじめをなくす本質的対応である。そのために、これまで学校として行ってきた様々な行事や奉仕体験活動、異年齢集団活動を一層重視し、そうした集団活動を通して、「みんなから認めてもらえてよかった」「役に立ててよかった」という自己有用感や、自己存在感を育てたいと思う。こうした意識が育てば、安易に人をいじめるということはなくなるに違いない。

　いじめのない学校づくりに向けて、「いじめは人間として決して許されない」の共通認識のもと、校長としてリーダーシップを発揮し、組織的に対応していく所存である。

40 ネットいじめの対応策

児童生徒④

> いじめ問題の解決の難しさに加え、最近ではパソコンや携帯電話を用いた、見えにくい「ネットいじめ」の問題も多発しています。学校運営の責任者としてどう対応するべきかお答えください。
>
> （想定問題）

テーマを捉える

1　見えにくい「ネットいじめ」

　インターネットや携帯電話の普及といった情報化の進展は、子どもたちの生活スタイルを大きく変えつつあり、その利便性や有用性といった正の側面の裏に、携帯電話メールやインターネット上の学校非公式サイトを使っての、いわゆる「ネットいじめ」や、有害情報へのアクセス等による「犯罪」といった負の側面の問題が深刻化してきている状況にある。とりわけ、携帯電話やインターネットを使った「いじめ」は、その瞬時性、匿名性等によって、発見が難しく、被害が短期間に極めて深刻なものになるケースが多い。

2　「ネットいじめ」にどう対応すべきか

　こうした問題に対応するためには、「ネットいじめ」を含めた様々な

問題行動に対する学校としての基本的な方針を策定するとともに、携帯電話等の利用実態の把握や情報モラル教育の充実、教育相談体制の整備など、問題行動の未然防止・早期発見に努める必要がある。また、問題行動を発見した場合、「いじめられた子どもを守り通す」を基本に、保護者、関係諸機関等と連携協力しつつ、学校の組織をあげて迅速かつ的確に対応することが必要である。

　　＜読んでおきたい準拠資料＞
・「児童生徒が利用する携帯電話等をめぐる問題への取組の徹底について」（文部科学省初等中等教育局長他通知　平成20年7月）
・「子どもを守り育てる体制づくりのための有識者会議まとめ（第2次）」（平成20年6月）

論文の構成立てをする

序論 インターネットをめぐる子どもたちの生活の変化と自校の対応
本論 ① 「ネットいじめ」未然防止に向けた取組み
　　◆　保護者等との協力を得つつ、携帯電話、インターネットの利用実態を把握する。
　　◆　情報モラル教育を充実し、ネチケットやネットリスク回避能力等を身に付けさせる。
　② 「ネットいじめ」の早期発見・早期対応
　　◆　「ネットいじめ」など、問題行動等への対応について、学校としての基本方針を策定するとともに、早期発見、早期対応に向けた体制を生徒指導部を中心に確立する。
　　◆　情報教育担当を中心に、インターネット上の学校非公式サイト等の巡回や閲覧とともに、有害情報のフィルタリング等について

保護者等への普及啓発等を行う。

結び「ネットいじめ」防止に向けた学校指導体制への意気込み

> **キーワード**
> 「ネットいじめ」の未然防止・早期発見・早期対応　ネットリスク回避能力　有害情報のフィルタリング　情報モラル教育

模範解答

　今日、子どもたちが携帯電話やインターネットを利用する機会は急激に増加してきており、そのことによって、子どもたちの生活スタイルや人間関係づくりに大きな変化が生じてきている。こうした中で、携帯電話のメールやインターネット上の学校非公式サイトを使って特定の人間への誹謗中傷を集中的に行う、いわゆる「ネットいじめ」や、インターネット上の有害情報のアクセス等によって「犯罪」に巻き込まれるといった問題が頻発してきている。また、携帯電話やインターネットの特性である瞬時性、匿名性によって、「いじめ」の発見が難しく、被害が短期間に極めて深刻なものになるケースも多い。

　こうした状況を背景に示された平成20年7月の文部科学省初等中等教育局長通知「児童生徒が利用する携帯電話等をめぐる問題への取組の徹底について」を受けて、現任校でも、本年度、「ネットいじめ」をはじめとする様々な問題行動に対応するよう、「未然防止・早期発見・早期対応」を基本に、保護者、関係諸機関等の連携協力を得ながら、学校としての基本的な方針を策定し実践しているところである。

　私は、現任校のこうした方針と実践を参考に、赴任先の学校にあっても、学校の実態を踏まえ、校長としてのリーダーシップを発揮し、「ネットいじめ」等の問題行動防止に向けて、学校をあげて取り組む体制を創

り上げていく所存である。以下、具体策を述べる。

　まず、携帯電話等を使った「いじめ」等の問題行動の未然防止に向けた取組みである。

　生徒指導部および情報教育担当を中心に、携帯電話やインターネットが有しているメディアとしての特性や機能等の基本的な知識を理解する研修会を開くとともに、「ネットいじめ」を始めとする携帯電話やインターネットを使った問題行動、犯罪に巻き込まれたケースについて、全教職員への周知を図る。また、子どもたちの携帯電話の所持、メールのやりとり、インターネットの利用について、保護者とも連携しつつその実態を把握するとともに、情報教育の時間を中心に情報モラルについての教育指導を行い、ネットリスク回避能力や使用にあたっての基本的なルールを確実に身に付けさせたいと考えている。

　次に、「ネットいじめ」等の問題の早期発見・早期対応である。

　まず、情報教育担当を中心に、インターネット上の学校非公式サイト等の巡回や閲覧を計画的に実施し、問題の早期発見に努めたい。また、保護者に向けて、有害情報のフィルタリングの普及等を積極的に行い、有害情報に関する啓発活動を推進していく。

　さらに、「ネットいじめ」等について、子どもが発する危険信号等を受け止める学校教育相談体制を整備するとともに、発見した場合、「いじめられた子どもを守り通す」を基本原則に、保護者、関係諸機関とも連携しつつ生徒指導部を中心に、学校をあげて迅速、かつ的確に対応していきたいと考えている。

　インターネットや携帯電話の普及が、負の側面である「ネットいじめ」などの問題をつくり出している状況を深刻に受け止め、それらを未然に防ぎ、早期発見・早期対応できるよう、学校の指導体制を整備することが校長としての職務と考え、全力で対応していく所存である。

41 ⑤児童生徒 ICTを生かす情報モラル教育の充実

> 今日、情報化への対応とともに、ネットいじめなど新しいメディアを用いた問題行動への対応を求められています。情報モラル育成にどう取り組むかお答えください。　　　　（想定問題）

テーマを捉える

1 情報モラル教育の重要性

今日、「ネットいじめ」等、情報化に伴う問題行動が深刻化する中、学校における情報モラルの育成が急務であるが、十分な対応がなされている学校は少ない。それは、これまでややもすると、情報教育が、情報機器の活用に長けた一部教員によって指導が任され、また、情報機器の効果的な活用に指導の重点が置かれすぎてきたことにあると思われる。しかし、高度情報通信ネットワーク社会が進展し、子どもたちが日常的にコンピュータやインターネット、携帯電話等を活用している今日、情報モラル教育は避けて通ることはできない状況にある。

2 情報モラル教育をどう推進するか

子どもたちの情報モラルを向上させるためには、そうした状況を打破し、情報教育のあり方を学校全体で改めて見直し、情報教育の3観点と

される、「情報活用の実践力」「情報の科学的理解」、情報モラルの必要性や情報に対する責任といった「情報社会に参画する態度」の育成を柱にした情報教育全体指導計画を作成するとともに、情報モラルに関わる研修会を定期的に実施するなど、学校をあげて情報教育に取り組む体制づくりが必要である。

＜読んでおきたい準拠資料＞
・「情報モラル指導ポータルサイト」
　http://www.japet.or.jp/moral-guidebook/
・「平成21年度学校における教育の情報化の実態等に関する調査結果」
　（文部科学省　平成22年6月）

論文の構成立てをする

序論 情報モラル教育が求められる背景

本論 ①情報モラルを含めた情報教育全体指導計画の作成及び情報教育を全校で取り組む指導体制の確立
　◆　各教科等において、情報活用の実践力、情報の科学的な理解、情報社会に参画する態度の育成について、発達段階に応じた年間指導計画を作成し、全教職員で実践する。

②情報モラルに関わって、計画的な研修会の実施及び教職員の共通理解
　◆　児童の情報機器の保持やインターネットの活用などの実態を把握し、情報モラルに関する問題状況、その対応等について教職員が共通理解を図る。

③保護者への啓発と家庭・地域との連携
　◆　学校と家庭、地域と連携・協力して情報モラルの向上や、「ネッ

ト上のいじめ」を始めとした問題行動への早期発見、早期対応に努める。

結び ICTを適切に活用する力の育成への意欲

> **キーワード**
> 情報教育の全体指導計画を作成　情報モラル　ICT
> 情報教育の３観点：情報活用の実践力・情報の科学的理解・情報社会に参画する態度　著作権や個人情報の保護

模範解答

　今日、子どもたちの多くが携帯電話をはじめとする情報機器を日常的に使用する時代にあって、その負の部分である「ネットいじめ」や有害情報のアクセスなどの問題行動が深刻化しており、子どもたちの情報モラルの育成が喫緊の課題となってきている。しかしながら、学校は、そのことに十分に対応しているとはいえない状況にある。

　その要因として、現任校でもそうであるが、一般の教員がICTの進歩に付いていけず敬遠しがちで、ややもすると、情報機器の活用に長けた一部の教員にその指導が任されてきたこと、また、情報教育とは、教科等で情報機器をいかに効果的に活用するかということであるといった情報教育を狭く捉える考え方が大方を占めているからではなかろうか。

　子どもたちの情報モラルを向上させるためには、そうした状況を打破すべく、情報教育のあり方を改めて見直し、情報教育を学校全体で取り組む体制を創り上げることが何よりも必要であると考える。以下、その具体策を述べる。

　まず、情報モラルの育成は、情報教育全体の中で指導する必要があり、そのために、情報教育の全体指導計画を作成し、全教職員で情報教育を

取り組む体制を創り上げたい。

　情報教育の全体指導計画を作成するにあたっては、「初等中等教育における情報化に関する検討会」の報告書にある、情報教育の3観点、「情報活用の実践力」「情報の科学的理解」、そして、情報モラルの必要性や情報に対する責任などの「情報社会に参画する態度」の育成を柱に、発達段階に応じた年間指導計画を作成し、全教職員で実践する。

　次に、情報モラルについて、計画的に研修会を実施し、教職員の共通理解を図りたい。

　子どもたちの情報機器の保持やインターネットの活用などは、学校のみならず、日常生活に及んでおり、その実態やインターネットの世界で起きている様々な問題状況の把握、さらには、著作権や個人情報の保護等の法律的知識や、問題が発生した場合の対処法などについて、学校全体で計画的に研修会を実施、教職員で共通理解を図っていく。

　第三に、保護者への啓発と家庭・地域との連携を通した情報モラルの育成である。

　「ネット上のいじめ」を始めとした新しいメディアを用いた問題行動を防止するためには、携帯電話利用の家庭におけるルール作りや携帯電話のフィルタリングなど、ICTに関わる正しい理解や活用等についての保護者への啓発活動を行うとともに、学校が家庭や地域と連携協力して問題行動の早期発見、早期対応への取組みを行っていく必要がある。

　情報化の波は日進月歩であり、その流れはとどまることはない。こうした中で求められることは、ICTを適切に使いこなし、活用する力を育てることであり、有害情報のアクセス等の負の側面を回避する情報モラルを育成することである。こうしたICTを適切に生かし活用する教育に、教師として積極的に取り組んでいきたい。

42 保護者・地域 ①

開かれた学校づくり

➡関連テーマ解説は p.38へ

> 変化の激しい時代のなかで、教育の分野でも大きな教育改革が進められています。そうした教育改革に対応した学校経営を行うためには、学校の力だけではなく、保護者・地域社会等との連携が必要となります。保護者・地域社会の理解と協力を得るために、あなたは校長として、どのようにリーダーシップを発揮して説明責任を果たしていきますか。「開かれた学校経営」のビジョンとその実現のための具体的方策を述べなさい。
> （想定問題）

テーマを捉える

1　「開かれた学校づくり」が求められる背景

　これまでも、「開かれた学校づくり」については、平成10年9月の中教審答申「今後の地方教育行政の在り方について」をはじめ、くり返しその重要性が指摘されてきたが、平成17年10月に出された中教審答申「新しい時代の義務教育を創造する」は、「21世紀の学校は、保護者や地域住民の教育活動や学校運営への参画等を通じて、社会との広い接点を持つ、開かれた学校、信頼される学校でなければならない」として、改めて「開かれた学校」への取組みを強く求めている。

2 「開かれた学校づくり」に向けてどう取り組むか

　今日多くの学校で、学校説明会や保護者、地域の人々による学校関係者評価、学校評議員制度の導入など、「開かれた学校づくり」に向けた取組みがなされ、その仕組みが整いつつある。それらの取組みが、保護者、地域から信頼される学校のより一層の実現と学校の活性化、地域の教育力の向上に結びつくためには、校長のリーダーシップのもと、学校と家庭・地域との連携と協働が機能する、双方向的な学校経営システムの構築が必要である。すなわち、保護者、地域の意見や要望を学校教育に的確に反映させる仕組みと、保護者、地域住民が学校教育に積極的に参画、協働できる仕組みをどう具体化するかが求められている。

　　＜読んでおきたい準拠資料＞
・中央教育審議会答申「今後の地方教育行政の在り方について」（平成10年9月21日）
・中央教育審議会答申「新しい時代の義務教育を創造する」（平成17年10月26日）

論文の構成立てをする

序論 「開かれた学校づくり」に向けた自校の取組み
本論①保護者、地域住民の意見や要望を、学校教育に的確に反映させ、学校経営に生かすシステムの構築
　　◆　保護者や地域住民が、教育目標や教育計画、教育活動等についての学校情報を確実に受信し、共有化できる仕組みを作り上げる。
　　◆　学校の自己評価、自己点検の結果を保護者、地域住民に説明するとともに、保護者、地域住民による学校評価を、次年度の学校

教育活動に生かす仕組みを整備する。
②保護者、地域住民が学校教育に積極的に参画、協働できる学校運営システムの構築
- ◆ 学校評議員制度を活用して、保護者、地域住民の学校運営への協働と参画を促す。
- ◆ 地域の自然、文化等を教材化して、その活用を図ったり、地域の人々に積極的に教室に入ってもらうなどして、地域の学校としての存在意識を高める。

結び「開かれた学校づくり」に向けての意欲

> **キーワード**
> 学校説明会　学校評価の保護者向けアンケート　学校評議員会
> 学校の活性化や地域の教育力の向上　地域の人材活用

模範解答

　今日、多くの学校で、保護者、地域の住民に対する学校説明会の開催や学校評議員制度の導入など、「開かれた学校」に向けた取組みが行われるようになってきている。現任校においても、数年前から、年度当初の教育目標や教育計画、教育活動についての保護者、地域住民に向けての説明会、年度末の学校評価の保護者向けアンケートの実施、学期ごとの学校評議員会の開催など、学校と保護者、地域との連携協力体制の形成に努力しているところである。しかしながら、年度当初の学校説明会や年度末の学校評価アンケートも、その参加が一部の保護者や地域住民に限られており、また、学校評議員会も学校の説明で終始してしまっている傾向にあり、こうした「開かれた学校づくり」の取組みが、学校の活性化や地域の教育力の向上に大きく結びついているとはいえない状況

にある。そこで、改めて現任校の取組みを振り返り、保護者、地域からより信頼される学校を目指して、次のような取組みを行っていく。

1　保護者、地域住民の意見や要望を自校の教育に的確に反映させ、学校経営に生かすシステムを構築する。

　保護者、地域住民との連携と協力、「開かれた学校づくり」を学校経営の重要な柱と位置付け、保護者や地域住民が、教育目標や教育計画、教育活動等についての学校情報を確実に受信し、共有化できる仕組み、及び、保護者、地域住民による学校評価を、次年度の学校教育活動に生かす仕組みを創り上げる。具体的には、学校情報の提供手段の多様化と、周知徹底を図るともに、保護者、地域住民の意見や要望が自校の教育に生きるよう、Plan-Do-See の学校評価サイクルを全教職員が組織的に取り組む体制作りを構築していきたい。

2　保護者、地域住民が学校に積極的に参画、協働できる学校運営システムを作り上げる。

　総合的な学習などを中心に、地域の自然、文化等について教材化を図ったり、地域の方に指導者として教室に入ってもらうなどして、地域と結びついた教育活動を計画的に推進して、地域の学校としての存在意識を高める。また、学校評議員制度を活用して、学校教育活動の活性化に結びつけたいと思う。そのために、学校評議員が、学校と保護者、地域住民との間の仲立ちとなるよう、委員の選定に留意するとともに、開催回数を増やし、学校評議員の助言や考えが教育活動に生かせる学校の組織体制を整備していきたいと考えている。

　「開かれた学校づくり」は、これまでくり返し求められ、その重要性が指摘されてきたにもかかわらず、現任校においても十全に推進されてきたとはいえない状況である。改めてその重要性を考え、「開かれた学校」として、保護者・地域から信頼される学校となるよう校長としてのリーダーシップを発揮して、以上のような取組みに傾注していきたい。

43 家庭・地域と連携した学習環境づくり

②保護者・地域

➡関連テーマ解説は p.39へ

> 新しい教育課程においては、学校・家庭・地域との連携に基づく子育ての推進が強く求められています。そうした学校・家庭・地域と連携した学習環境づくり進めるにあたって、校長として配慮すべきことは何か、あなたの考えを現任校の実態を踏まえて具体的に述べなさい。
>
> （想定問題）

テーマを捉える

1　「家庭・地域と連携した学習環境づくり」が求められる背景

　今回の教育課程の改善では、これまで学習指導要領の理念を実現するための手立てとして十分ではなかった五つの課題の一つとして、社会の大きな変化の中で家庭や地域の教育力が低下したことを踏まえた対応の不十分さをあげ、基本的生活習慣の確立や家庭学習の習慣化、自然体験や社会体験の充実に向け、学校、家庭及び地域の役割分担の明確化とその連携の重要性を改めて強く指摘し、具体的な取組みを行うよう求めている。特に、「豊かな心や健やかな体の育成については、家庭が第一義的な責任を持つものであり、その自覚が強く求められる」として、「『早寝早起き朝ごはん』といった取組みを通して、家庭教育の充実」を強く求めている。こうした取組みに学校がどう連携協力していくかが課題で

ある。

2 「家庭・地域と連携した学習環境づくり」への具体化

　学校、家庭及び地域の役割分担の明確化とその連携についての要請を踏まえ、家庭及び地域の教育力の向上に向けて、今学校がなしえることは、これまで以上にPTA活動を活性化して家庭教育の充実を図ることである。また、学校が中心となって、「子育て学校・家庭・地域連絡協議会」（仮称）を設置し、学校と家庭・地域との連携・協力体制の確立に向けた具体的な取組み、例えば、朝の読み聞かせをはじめ、生活科や総合的な学習の時間での活動のアシスタント、さらには、地域教材の開発、教科や特別活動等への地域人材の活用等を展開することが必要である。

　＜読んでおきたい準拠資料＞
・中央教育審議会答申「幼稚園、小学校、中学校、高等学校及び特別支援学校の学習指導要領等の改善について」（平成20年1月17日）
・中央教育審議会答申「新しい時代を切り拓く生涯学習の振興方策について」（平成20年2月19日）

論文の構成立てをする

序論 家庭・地域との連携・協力が求められる背景
本論① PTA活動の活性化と家庭教育の一層の充実
- ◆ 子どもたちの学習や生活の実態等を保護者に積極的に発信する。
- ◆ 「早寝早起き朝ごはん」の取組みや、家庭学習の習慣化など、家庭が果たすべき役割について、繰り返し訴え、理解と協力を得る。
- ◆ 朝の読み聞かせなど、学校の教育活動への保護者の積極的な参加、協力を要請する。

②学校と家庭・地域との連携・協力体制の確立に向けた具体的な取組みの展開
◆ 「子育て学校・家庭・地域連絡協議会」(仮称)を設置するとともに、地域教材の開発、地域人材の活用等、地域の教育資源を学校に積極的に導入する。
◆ 地域での活動、行事への積極的な参加を促し、子どもたちの体験活動の充実を図る。

結び 家庭・地域の教育力の向上に向けての意気込み

> **キーワード**
> 基本的生活習慣の確立　家庭学習の習慣化　自然体験や社会体験の充実　「早寝早起き朝ごはん」　「子育て学校・家庭・地域連絡協議会」　地域教材の開発と地域人材の活用

模範解答

　今回の学習指導要領改訂では、「生きる力の育成」という学習指導要領の理念を実現するための具体的な手立てとして十分ではなかった課題の一つとして、社会の大きな変化の中で家庭や地域の教育力が低下したことを踏まえた対応の不十分さをあげ、子どもたちの基本的生活習慣の確立や家庭学習の習慣化、自然体験や社会体験の充実に向けた、学校、家庭及び地域との連携・協力の推進を強く求めている。

　こうした要請を踏まえ、家庭及び地域の教育力の向上に向けて、今学校がなしえることは、これまで以上にPTA活動を活性化して家庭教育の充実を図るとともに、学校が中心となって、「子育て学校・家庭・地域連絡協議会」(仮称)を設置して、学校と家庭・地域との連携・協力体制の確立に向けた具体的な取組みを展開することだと考える。以下、

その具体策を述べたい。

　まず、PTA活動を活性化し、家庭教育の一層の充実を図りたい。そのためには、保護者がPTAを通して学校教育活動に参画し、自ら子どもたちの教育に大きく関与しているという意識を醸成していきたい。

　具体的には、学校が発行する「学校だより」や「保健室だより」「給食室だより」「学級通信」等を通じて、子どもたちの学習や生活の実態等を保護者に積極的に発信し、子どもたちの学校での様子を理解してもらうとともに、「教育の第一義的な責任は家庭にある」という改正教育基本法第10条の規定を踏まえ、「早寝早起き朝ごはん」の取組みや、家庭学習の習慣化など、家庭が果たすべき役割について、くり返し訴え、理解と協力を得ていきたい。さらに、朝の読み聞かせを始め、生活科や総合的な学習の時間での活動にアシスタント等として参加してもらうなど、学校の教育活動への保護者の積極的な参加、協力を要請し、子どもたちを共に育てているという意識を高めていきたいと思う。

　次に、地域の子どもたちは地域が見守り育てるという意識を高めるべく、地域の人々と協力しながら、管理職としての指導力を発揮し、「子育て学校・家庭・地域連絡協議会」（仮称）を組織し、学校と家庭・地域とが連携・協力して具体的な活動を展開したい。

　具体的には、「子育て学校・家庭・地域連絡協議会」を通じて、社会科や総合的な学習の時間などでの地域教材の開発、教科や特別活動等への地域人材の活用等、地域がもつ教育資源を学校に積極的に導入するとともに、地域の祭りや諸行事、地域での活動への積極的な参加を促し、子どもたちの体験活動の充実を図っていきたいと考えている。

　以上のような取組みを通して、学校と家庭・地域との連携を強化し、家庭や地域の教育力を一層高めるべく努力していきたいと考える。そうしたことが子どもたちの健やかな人間形成に大きな力を発揮することになると考えている。

44 保護者からの苦情等への対応

③ 保護者・地域

> 学校に対する保護者からの理不尽と思われるような要求や苦情が増えて、その対応に苦慮する状況にあります。
> そうした保護者からの要求や苦情に対して、あなたは校長としてどのように対応しますか。具体的に述べなさい。　（想定問題）

テーマを捉える

1　学校に対する保護者の意識

　「学校教育に対する保護者の意識調査2008」（ベネッセ教育開発センター・東京大学共同研究）報告書によると、学校の満足度（とても満足・まあ満足）は、小・中全体で76.4％と4年前の同調査と比べて3.6ポイント高くなり、また、教師に対する信頼度も2004年の48.0％を8.8ポイント上回り56.8％と上昇したことが明らかになった。一時期の教師や学校に対するバッシング傾向が影を薄め、徐々に満足度や信頼度が高くなってきているようである。しかしながら、中には、保護者の権利意識の高まり等もあって、相変わらず、学校に対する要求や苦情が増え、その対応に苦慮する学校も多い。

2　保護者からの苦情等にどう対応するか

　こうした保護者からの苦情や要求に対しては、「ただちに対応・組織で対応」を原則にすべきである。保護者の苦情や要求に対して、ただちに対応しなかったという学校側の初期対応のまずさが事態をこじらせ、第三者機関が入らざるを得ない重篤な問題となるケースもよくある。ただちに、保護者の言い分に十分耳を傾け、真摯に受け止め対応するといった受容・共感・傾聴の姿勢で臨むことが大切である。

　また、日頃から保護者、地域の人々との信頼関係の醸成に努める一方、こうした苦情に対しては、個人で対応したり抱えこんだりすることなく組織で対応するといった学校の危機管理システムの構築が必要である。

論文の構成立てをする

序論 保護者と学校の認識のズレに対する課題意識

本論 ①早期対応、組織的対応を原則に、保護者の声に受容、共感、傾聴の姿勢で臨むことの重要性

- ◆　「報告・連絡・相談」の徹底、及び一人で対応するのではなく、組織として対応するという原則を全教職員で共通理解しておく。
- ◆　保護者の苦情、要求に十分耳を傾け、真摯に受け止め対応するといった受容・共感・傾聴の基本的姿勢を堅持する。
- ◆　事実を正確に把握し、その事実に基づいて誠実、かつ毅然とした態度で対応する。

②学校と保護者、地域の人々との信頼関係の醸成及び保護者等の苦情の対応の仕方など学校の危機管理システムの構築

- ◆　開かれた学校づくりを一層推進して学校情報を提供するなど、保護者、地域の人々との信頼関係を醸成する。

◆ 関係諸機関との連携も視野に入れた学校危機管理システムを構築し、全教職員で共有化する。

結び 保護者、地域の人々との信頼関係醸成への意気込み

> **キーワード**
> 「ただちに対応・組織で対応」　「報告・連絡・相談」の徹底
> 学校危機管理システムの構築　受容・共感・傾聴
> 保護者、地域の人々との信頼関係の醸成

模範解答

　近年、学校に対する保護者の苦情等が増え、その対応に苦慮する学校も多い。しかし、保護者から苦情や要望が出されるというのは、保護者が、そのことについて学校の問題点を、その大小は別にして感じているということの表れであるという認識のもと、適切、迅速にその問題解決に向けて動くことが必要である。

　かつて勤務していた学校でも、保護者から最近学校でよく物をなくすが、いじめられているように思うので、よく調べてほしいという要望に、担任が「いじめられている様子はない」と即答し、「よく見ておきます」と受け流したまま、管理職に報告しないで時が過ぎ、それが大きないじめ問題へ発展して、その該当児童が転校を余儀なくされるという事態に至ったことがあった。

　学校に対する保護者からの苦情や要望に対しては、まず、全教職員が、「ただちに対応・組織で対応」の共通理解のもと、保護者の言い分に十分耳を傾け、真摯に受け止め対応するといった受容・共感・傾聴の姿勢で臨むことが必要である。また、日頃から、保護者、地域の人々との信頼関係の醸成に努める一方、こうした苦情への対応も含めた学校の危機

管理システムの構築が必要である。以下、その具体策を述べる。
1 　早期対応、組織的対応を原則に、保護者の声に受容・共感・傾聴の姿勢で臨む。

　保護者からの苦情や要望があった場合、管理職への「報告・連絡・相談」を徹底するとともに、決して一人で対応するのではなく、組織として対応するという原則を全教職員で共通理解しておく必要がある。また、保護者対応にあたっては、その苦情、要求に十分耳を傾け、真摯に受け止めるといった受容・共感・傾聴の教育相談的な基本的姿勢を堅持するとともに、事実を正確に把握し、その事実に基づいて誠実に対応する。

　万一、学校側にミスがある場合には、率直にこれを認めて謝罪し、反対に、明らかに保護者の要求が理不尽であれば、その非を明らかにし誠実にかつ毅然した態度で説明する必要がある。

2 　日頃から、学校と保護者、地域の人々との信頼関係の醸成に努める一方、保護者等の苦情の対応の仕方も含め、学校の危機管理システムを構築する。

　具体的には、学校公開など開かれた学校づくりに向けた教育活動を一層推進し、保護者、地域の人々に学校情報を提供し、保護者、地域の人々との信頼関係を醸成していく。

　一方、保護者の苦情や要望の対応の仕方も含め、また、関係諸機関との連携も視野に入れた学校危機管理システムを構築し、全教職員が共通理解しておくことが必要である。

　教師と子どもたち、保護者との信頼関係で成り立つ学校では、保護者との間に離齬をきたし互いに反目するような事態が生じることはあってはならない。そうしたことが起きないよう、日頃から学校と保護者、地域との信頼関係の醸成に努めることが何よりも重要であり、そのための校長の存在は大きい。校長自ら、保護者、地域の人々と常に十分なコミュニケーションを図り信頼関係をつくりあげるよう、一層努力したい。

45 学校支援地域本部事業の実施

④ 保護者・地域

➡関連テーマ解説はp.39へ

> 文部科学省の「学校支援地域本部事業」が多くの地域で実施され始めています。この「学校支援地域本部事業」が始まった背景にもふれ、校長としての立場から事業を進めるための留意点について具体的に述べなさい。　　　　　　　　　　　　　　　　　　（想定問題）

テーマを捉える

1　「学校支援地域本部事業」実施の背景

　地域の教育力の低下や教員の勤務負担の増加に対応するため、平成20年度から新たに地域ぐるみで学校運営を支援する「学校支援地域本部事業」が始まった。この事業は、地域住民が学校を支援する、これまでの取組みをさらに発展させ、学校の求めと地域の力をマッチングさせ、より効果的な学校支援と教育の充実を図ろうとするものである。具体的には、学校支援の企画、立案を行う、学校、PTA関係者、地域コーディネーター等からなる地域教育協議会、学校とボランティアとの間を調整する地域コーディネーター、そして、実際に支援活動を行う学校支援ボランティアを組織し、地域の力で学校運営の補完、学校の活性化を図る、いわば「地域につくられた学校の応援団」である。

2 「学校支援地域本部事業」をどう具体化するか

　「学校支援地域本部事業」の趣旨を具体化するための最も重要なことは、校長として、この「学校支援地域本部事業」が、学校を変え、学校を活性化させる貴重な機会と捉えることである。そのために、この事業を学校経営方針の重点に設定し、地域に開かれ、地域と歩む学校づくりを積極的に推進するべくリーダーシップを発揮することが必要である。

＜読んでおきたい準拠資料＞
・中央教育審議会答申「新しい時代を切り拓く生涯学習の振興方策について」（平成20年2月19日）

論文の構成立てをする

序論「学校支援地域本部事業」の概要

本論①「学校支援地域本部事業」の積極的な受け入れ、及び地域に開かれ地域と歩む学校づくりを柱にした学校経営
- ◆　「学校支援地域本部事業」についての趣旨、内容の徹底を図る。
- ◆　「学校地域支援本部」の実施計画、活動内容を教頭、教務主任を中心に作成し、地域コーディネーター等との連絡調整を行う。

②「学校支援地域本部事業」の各組織への学校として積極的な関与
- ◆　地域教育協議会、地域コーディネーター、学校支援ボランティアに学校教育計画について十分に説明し、理解と協力を得る。
- ◆　学校の最もよき理解者を地域コーディネーターとして選び、常に学校と密接な連絡調整を図る。

③学校支援事業の実施状況の把握、及び点検評価の実施による学校支援活動の充実・強化

◆ 学校支援事業の実施状況を常に把握し、点検評価を通して、より充実した学校支援活動に結びつける。

結び「学校支援地域本部事業」への取組みへの意欲

> **キーワード**
> 学校支援地域本部事業　地域教育協議会　地域コーディネーター
> 学校支援ボランティア　「地域につくられた学校の応援団」

模範解答

「みんなで支える学校　みんなで育てる子ども」をキャッチフレーズに、「地域ぐるみで学校運営を支援」するものとして平成20年度から「学校支援地域本部事業」がスタートした。この事業は、地域住民が学校を支援する、これまでの取組みをさらに発展させ、学校の求めと地域の力をマッチングさせ、より効果的な学校支援と教育の充実を図ろうとするものである。学校支援の企画、立案を行う、学校、PTA関係者、地域コーディネーター等からなる地域教育協議会、学校とボランティアとの間を調整する地域コーディネーター、そして、実際に支援活動を行う学校支援ボランティアで組織され、地域の力で学校運営の補完、学校の活性化を図る、いわば「地域につくられた学校の応援団」である。

　この「学校支援地域本部事業」の趣旨を具現化し、学校、家庭、地域が一体となって子どもたちを育てる状況をつくり上げるためには、この「学校支援地域本部事業」が、学校を変え、学校を活性化させる貴重な機会と捉え、この事業を学校経営方針の重点の一つとして設定し、地域に開かれ、地域と歩む学校を積極的に推進することである。そこで、私は校長として、この事業を実施するにあたり、以下のことに留意し、取り組んでいく所存である。

まず、「学校支援地域本部事業」を積極的に受け入れ、地域に開かれ、地域と歩む学校づくりを学校経営の柱の一つと設定し、その推進を図る。
　自校にあっては、これまでも、図書館ボランティア、登下校の安全指導などに保護者や地域の人々の支援を受けてきた。「学校支援地域本部事業」は、そうした取組みをさらに発展させ、「地域ぐるみで学校を支援する」仕組みという趣旨を十分に教職員に説明し、理解と協力を得るとともに、学校地域支援本部の校内の連絡・調整を図る者として教頭を充て、実施計画、活動内容を作成し、地域コーディネーター、学校支援ボランティア等への連絡調整を行うようにする。
　次に、「学校支援地域本部事業」の趣旨の実現に向けて、地域教育協議会等での校長としてのリーダーシップを発揮し、地域、保護者に積極的に関わっていきたい。
　そのためには、地域教育協議会をはじめ、地域コーディネーター、学校支援ボランティアに児童の実態、学校経営方針について十分な説明を行い、理解と協力、支援を要請する。また、この事業が成果をあげるためには、学校支援を企画し、ボランティアとの間を調整する地域コーディネーターによき人材を得ることが重要である。学校の最もよき理解者を地域コーディネーターに選び、常に密接な連絡調整を図っていく所存である。さらに、この学校支援が着実に成果を上げ、息の長い活動になるためには、その実施状況を常に把握し、点検評価を実施して、より充実した学校支援活動に結び付ける必要がある。そのための評価の仕組みも「学校支援地域本部」で検討していく。
　「学校支援地域本部事業」は、地域ぐるみで学校を支援する新たな取組みである。この趣旨に沿った意義ある取組みが実施できるよう、校長として保護者、地域の人々の協力を得ながら全力を傾注したい。

[Column] 合格への近道——採点者の着眼点

現任校の実態を踏まえた具体的方策が述べられているか

➡関連練習問題は p.94へ

　設問 No.10（p.94）は、「特別に支援を要する子どもたちのための校内体制づくり」について、「現任校の実態を踏まえ、具体的に」述べるよう求めています。いかに理想的な特別支援教育の校内体制であっても、それが、現任校の実態を踏まえないものであれば、「絵に描いた餅」で、現実的ではないとしてよい評価は得られません。採点者の多くは、学校現場の実情を熟知しています。日頃から、「特別支援教育」のみならず、学校の教育活動や児童生徒、教職員の実態や課題、保護者や地域の要望等について把握しておくことが大切です。

出題の意図を捉え、論に反映させているか

➡関連練習問題は p.190へ

　2010年、「○○の品格」と題した著作が相次いで出版されました。設問 No.34（p.190）は、そうした社会情勢を踏まえて「教師の品格」について解答者の考えを問うものです。

　こうした「○○の品格」といった著作が出されるということは、「○○」について、その本来の姿が揺らぎつつあったり、壊れつつあることへの著者の問題意識、危機感の表れです。したがって、本設問にあっても、その出題の背景に「教師のあり方」についての出題者の課題意識、危機感があるのであって、受験者がどれだけ出題者の課題意識、危機感に迫れるか、そしてそのことについての考えが論文にどう表現されているかが採点への大きなポイントになります。

　また、「品格」という多様な解釈ができ、具体的に事実として明確に表しにくい設問だからこそ、教師としてのあるべき姿、すなわち理想とする教師像をどのように考え、そうした教師をどう育てるかという管理職の考えの深浅もまた測ることができるのです。

第5章

最終チェック！
面接で問われる基礎知識

I 面接のための基礎知識

◆校長の職務と権限

校長の職務については、学校教育法第37条4項に「校務をつかさどり、所属職員を監督する」と規定されている。

「校務をつかさどる」とは、学校運営に関わる一切の事務(学校教育、教育課程、施設・設備等)を掌握し、その事務を処理する権限と責任を有することであり、「所属職員を監督する」とは、学校に配置されている全ての教職員について、職務上(勤務時間内)、身分上(勤務時間の内外を問わない)の監督権限を有することである。

◆副校長の職務

副校長については、平成19年の学校教育法改正によって制度化された新しい「職」である。学校教育法第37条5項に「副校長は、校長を助け、命を受けて校務をつかさどる」、同6項「校長に事故があるときはその職務を代理し、校長が欠けたときはその職務を行う」とあり、＜校長の補佐＞と＜校長の職務代理・代行＞がその職務である。

教頭との違いは、「命を受けて校務をつかさどる」とあり、校長の校務掌握権、所属職員監督権を、校長とともに一定の範囲で自らの権限として行使できること、また、教頭の職務の「児童の教育をつかさどる」規定がないことから、学校経営に専念するということである。

◆教頭の職務

教頭の職務は、学校教育法第37条7項にあるように、「校長（副校長を置く小学校にあっては、校長及び副校長）を助け、校務を整理し、及び必要に応じ児童の教育をつかさどる」ことである。ここにある校務の整理とは、学校運営全般について、校務が円滑に遂行されるよう、校長と教職員、教職員相互の連絡調整など、総合的に調整を図ることである。

◆主幹の職務

主幹教諭については、副校長と同様、平成19年の学校教育法改正とともに新たに設けられた「職」で、学校教育法第37条9項には、「主幹教諭は、校長（副校長を置く小学校にあっては、校長及び副校長）及び教頭を助け、命を受けて校務の一部を整理し、並びに児童の教育をつかさどる」と、その職務を規定している。

この新たな「職」としての副校長、主幹教諭の配置は、校長、教頭の管理職以外は全てフラット、同格といった、いわゆる「鍋ぶた型」組織といわれてきたこれまでの学校組織に替わり、校長のリーダーシップの下、組織的・機能的な学校運営を実現する組織へと転換を図るものである。とりわけ、主幹教諭は、形骸化され、機能不全に陥っていると指摘されてきた主任に代わるミドルリーダーとしての役割を担うものである。

◆指導主事の職務

　指導主事の職務は、地方教育行政の組織及び運営に関する法律第19条3項に「指導主事は、上司の命を受け、学校における教育課程、学習指導その他学校教育に関する専門的事項の指導に関する事務に従事する」と規定されている。具体的には、各学校が編成する教育課程への指導助言、各学校での教科指導等の内容や方法について、自らの専門性を生かした指導助言、そして、生徒指導や進路指導、さらには、教員の研究・研修への企画、実施などであり、その職務は多岐にわたる。

◆校務分掌

　学校は組織体である。組織体としての学校が、組織的、機動的に運営するべく校務分掌を編制し整えることは校長の重要な権限である（学校の組織編制権は、教育委員会にあるが、学校管理規則等で、校長に委任されていることが多い）。

　学校教育法施行規則第43条には、「小学校においては、調和のとれた学校運営が行われるにふさわしい校務分掌の仕組みを整えるものとする」とあり、「校務分掌の仕組みを整える」とは、「学校において全教職員の校務を分担する組織を有機的に編制し、その組織が有効に作用するよう整備することである」（事務次官通達・昭51・1・13・文初地136）ということである。

◆職員会議

　これまで、職員会議については、「最高議決機関説」「諮問機関説」「補助機関説」といった不毛ともいえる対立が続いてきたが、平成12年1月の学校教育法施行規則改正で、その対立に終止符が打たれ、校長の補助機関としての性格が明確になった。
　学校教育法施行規則第48条1項には「小学校には、設置者の定めるところにより、校長の職務の円滑な執行に資するため、職員会議を置くことができる」、同2項「職員会議は、校長が主宰する」とある。「校長が主宰する」とは「学校教育法施行規則等の一部を改正する省令の施行について（通知）」（文教地第244・平12年1月21日）で、「校長には、職員会議について必要な一切の処置をとる権限があり、校長自らが職員会議を管理し運営するという意味である」と述べている。

◆勤務時間の割り振り

　勤務時間の割り振りとは、①勤務日と週休日、②勤務日における勤務時間、③勤務時間の開始・終了時刻、勤務日における休憩時間と休息時間の配置、休日勤務と代休日の指定などを決めることである。
　勤務時間の割り振りについては、任命権者である教育委員会が行うことになっているが、教育委員会は、「規則」や「条例」で、その権限を校長に委任し、または専決させている場合が多い。
　公立学校の教職員の場合、土、日を除き、40時間となるよう勤務時間を割り振るのが原則である。なお、正規の勤務時間に含まれ給与の対象であった疲労回復のための時間、休息時間は、平成18年に人事院が廃止したことを受け、廃止の方向で見直しを進めている自治体が多い。

◆教員の服務

　服務の根本基準とは、法による「全体の奉仕者」ということである。地方公務員としての身分を有する公立学校の教員は、その身分に伴い職務の内外を問わず遵守すべき義務（身分上の義務）と、職務の遂行にあたって遵守すべき義務（職務上の義務）を負っている。
　身分上の義務としては、①信用失墜行為の禁止、②秘密を守る義務、③政治的行為の制限、④争議行為の禁止、⑤兼職・兼業の制限、職務上の義務としては、①服務の宣誓義務、②法令等及び上司の職務上の命令に従う義務、③職務に専念する義務、がある。

◆分限処分と懲戒処分

　地方公務員法等の法律や地方公共団体の条例や規則に違反したり、全体の奉仕者としてふさわしくない非行等があった場合、任命者は、その権限に基づき、分限処分や懲戒処分を行う。
　分限処分と懲戒処分との違いは、前者が、公務維持の観点から行われるもので、道義的責任は問われないのに対し、後者は、一定の義務違反に対する制裁として行われ、道義的責任が追求される。
　分限処分の種類には、免職、降任、休職、降給があり、懲戒処分には、免職、停職、減給、戒告がある。なお、地方公共団体が内部的に行う懲戒処分に当たらない事実上の措置として、訓告、諭旨免職、始末書の提出、厳重注意などがある。

◆指導力不足教員への対応

平成19年6月、教育公務員特例法が改正され、指導が不適切な教員に対して、「指導改善研修」を受けさせるなど、その人事管理について必要な事項が制度化された。これを受けて、文部科学省は、「指導が不適切な教員に対する人事管理システムのガイドライン」（平成20年2月）を策定し、各教育委員会が、教特法改正の趣旨に則り適切な人事管理がなされるよう求めた。このガイドラインでは、「指導が不適切な教員」として、次のような具体例を示している。

① 教科に関する専門的知識、技術等が不足しているため、学習指導を適切に行うことができない場合（教える内容に誤りが多かったり、児童等の質問に正確に答え得ることができない等）
② 指導方法が不適切であるため、学習指導を適切に行うことができない場合（ほとんど授業内容を板書するだけで、児童等の質問を受け付けない等）
③ 児童等の心を理解する能力や意欲に欠け、学級経営や生徒指導を適切に行うことができない場合（児童等の意見を全く聞かず、対話もしないなど、児童等とのコミュニケーションをとろうとしない等）

◆人事考課制度

東京都は、平成12年4月から、これまで形骸化していると指摘されてきた従来の「勤務評定」に変わり、新たな教員評価制度として「自己申告」と「業績評価」からなる能力開発型人事考課制度を導入した。

この人事考課制度は、校長の学校経営方針を踏まえた自己目標の設定、その目標の達成に向けた教育活動の展開、校長、副校長による授業観察と面談、目標の取組と実績についての自己評価と面接に基づく校長、副校長による業績評価で成り立つが、この双方的な評価によって、より、客観的、公正な評価が期待できるものである。

従来の「勤務評定」に変わるこうした新たな教員評価制度を取り入れてきている教育委員会も多くなってきている。

◆学校評議員制度

　中教審答申「今後の地方教育行政の在り方について」（平成10年9月）の提言を受けて、学校教育法施行規則等の一部改正（平成12年1月）が行われ、学校評議員の設置が定められた。

　学校評議員制度は、校長が保護者や地域の人々の意見を幅広く聞くための仕組みで、この制度を活かして、各学校が、地域や社会に開かれた学校づくりを一層推進し、家庭や地域と連携協力しながら、特色ある教育活動を展開することが期待されているものである。

◆学校運営協議会

　学校運営協議会制度（コミュニティ・スクール）は、「地方教育行政の組織及び運営に関する法律」（平成16年6月）の改正により導入されたもので、保護者や地域住民が、合議制の機関である学校運営協議会を通じて、一定の権限と責任を持って学校運営に参画し、よりよい学校教育の実現を目指すという、地域に開かれ、地域に支えられる学校づくりの仕組みである。

　指定された学校の校長は、教育課程の編成等について、基本方針を作成し、学校運営協議会の承認を得なければならない。他方、学校運営協議会は、所管事項に関して、教育委員会や校長に対して意見を述べる権限を有している。

◆学校評価

　学校教育法が改正され、学校評価に関する規定（第42条）が新設された。これに基づき、学校教育法施行規則が改正され、「自己評価の実施・公表（第66条）」、「保護者などの学校関係者評価の実施・公表（第67条）」、「それらの評価結果の設置者への報告（第68条）」の規定が設けられた。

　学校評価のスムーズな実施に向けて作成された文部科学省の「学校評価ガイドライン」には、学校評価の目的を、「各学校が、自らの教育活動その他の学校運営について、組織的・継続的な改善を図ること」「学校評価の実施・結果の公表により、適切に説明責任を果たすとともに、保護者・地域住民から理解と参画を得て、その連携協力による学校づくりを進めること」「設置者が、学校評価の結果に応じて、学校に対する支援や条件整備等の改善措置を講じることにより、教育水準の保障・向上を図ること」としている。

◆体罰

　児童生徒への懲戒については、学校教育法第11条に「校長及び教員は、教育上必要があると認めるときは、文部科学大臣が定めるところにより、児童、生徒及び学生に懲戒を加えることができる。ただし、体罰を加えることはできない」として、体罰を厳しく禁止している。

　平成19年2月に出された文部科学省初等中等教育局長通知「問題行動を起こす児童生徒に対する指導について」でも、「いかなる場合においても、身体に対する侵害（殴る、蹴る等）、肉体的苦痛を与える懲戒（正座・直立等特定の姿勢を長時間保持させる等）である体罰は行ってはならない」としつつ、「懲戒の行為が体罰に当たるかどうかは、当該児童生徒の年齢、健康、心身の発達状況、当該行為が行われた場所的及び時間的環境、懲戒の態様等の諸条件を総合的に考え、個々の事案ごとに判断する必要がある」として、有形力（目に見える物理的な力）の行使により行われた懲戒は、その一切が体罰として許されないとする考えにある程度のふくみを持たせている。

◆学校施設の目的外使用

　学校施設は、学校教育を行う施設であり、それ以外の目的で使用できないことになっている（学校施設の確保に関する政令3条）。しかし、学校教育法第137条では、「学校教育上支障のない限り、学校には、社会教育に関する施設を附置し、又は学校の施設を社会教育その他公共のために、利用させることができる」とある。

　学校施設の目的外使用の許可権限は、管理規則等で、校長に委任されているのが一般的である。したがって、学校教育上、支障があるかないかの判断にあたって、平成18年最高裁判決、「使用許否事由の学校教育上の支障とは、物理的支障に限らず、教育的配慮の観点から、現在の具体的な支障だけでなく、将来における教育上の支障が生ずるおそれが認められる場合も含まれる」ことを考え判断することが求められる。

◆学校の表簿

　学校に備え付けるべき表簿として、学校教育法施行規則第28条で規定されているものは、①学校に関係のある法令、②学則、日課表、教科用図書配当表、学校医執務記録簿、学校歯科医執務記録簿、学校薬剤師執務記録簿、学校日誌、③職員の名簿、履歴書、出勤簿、担任学級・担任教科科目、時間表、④指導要録、その写し、抄本、出席簿、健康診断に関する表簿、⑤入学者選抜、成績考査に関する表簿、⑥資産原簿、出納簿、経費の予算決算についての表簿、図書機械器具・標本・模型等の教具目録、⑦往復文書処理簿である。

　そのうち、指導要録とその写しのうち、入学、卒業等の学籍に関する記録については、20年保存、その他の表簿については、5年の保存とされている。

　また、各教育委員会の規則等で定めている表簿もある。代表的なものとして、「学校沿革史」「卒業証書授与台帳」「辞令写簿」「出張命令簿」「休暇欠勤承認簿」「児童生徒賞罰録」「事務引継簿」「施設設備台帳」などである。

　これらの整備にあたっては管理責任者を明確にし、適切な処理、管理保存が重要である。

◆文書管理

学校で取り扱う文書は、大きく分けて起案文書と収受文書があるが、これらの文書を扱う際には、正確性、迅速性などが要求される。また、文書は学校としての意思決定の意味も含まれるため、校長の意向を十分伺い、取り扱う必要がある。

① **起案文書** 文書の起案は、各教育委員会が定める事案決定規定や文書管理規定などに基づいて行う。学校長の決裁を必ず受け、控え文書も保管しておく。

② **収受文書** 収受手続きとして、受領・分類・開封・収受印の押印、収受文書件名簿への記載後、学校長へ提出。その後、係・担当に回し、保管する

③ **文書保管** 文書の保管は、文書管理規定などの保存年限を確認し、厳守する。

④ **特に留意すること** 職員の人事関係や児童生徒の個人情報については、その秘密の保持に努め、学校便り等における表現においては、人権侵害など不適切なものはないか確認する。とりわけ、電子文書の取扱いには特に注意を払い遺漏なきよう努める。

◆出勤簿の管理

出勤簿は出勤時限における職員の勤務の態様を示すもので、休暇・職免等処理、旅行命令簿と併せて職員の勤務の態様を把握し、給与その他人事管理上の資料とするものである。

「定刻までに出勤したときは、自ら出勤簿にあらかじめ届け出た印をもって押印しなければならない」（東京都公立学校職員服務規程）とあり、また、出勤簿の整理は、教頭（副校長）があたるのが一般的である。職員の服務を監督する校長を補佐する教頭（副校長）は、出勤簿の整理者として、その取扱いを厳正にする必要がある。なお、出勤簿の保存年数は5年間である（学校教育法施行規則第28条）。

◆教科書の使用義務

　学校教育法第34条1項には「小学校においては、文部科学大臣の検定を経た教科用図書又は文部科学省が著作の名義を有する教科用図書を使用しなければならない」と教科書の使用義務を明記している。これは、全国、どの学校にいようと、児童生徒が同質の教育内容を保障されるようにする、教育の機会均等と教育水準の維持を図るためである。

　教科書の使用義務があるからといって、そのままそっくり教科書を教え込むことがあってはならない。教科書は、あくまで、「主たる教材」である。同法同条2項にある「前項の教科用図書以外の図書その他の教材で、有益適切なものは、これを使用することができる」を踏まえ、児童生徒が、関心意欲をもって授業に取り組めるよう、教科書を基礎としつつ「教科書で教える」創意工夫が求められる。

◆児童虐待への対応

　児童虐待については、「児童虐待防止法」（平成12年）で、「児童の人権を著しく侵害し、その心身の成長及び人格の形成に重大な影響を与える」という考え方の下、「何人も、児童に対し、虐待をしてはならない」（第3条）と児童虐待禁止を厳しく定めている。同法では、児童虐待を18歳未満の児童に対し、児童の保護者が、①身体的虐待、②性的虐待、③ネグレクト、④心理的虐待を行うことと定めている。

　厚生労働省によると、平成19年度に全国の児童相談所で相談対応した件数は、4万639件で、平成2年度（1,101件）に比べて40倍近くにのぼっている。平成16年には児童虐待防止法が改正され、児童虐待の早期発見に関わり、特に、児童生徒が通う学校にあっては、その早期発見に努めるよう強く求められている。

Ⅱ 面接で何が問われるか

1 身上書等提出書類から

　面接に際して都道府県によって違いはあるが、身上書、面接票、自己アピールなどの提出書類が求められる。その書類に記載された内容から質問が始まることが多い。記載にあたっては、誤字脱字なく、読みやすく丁寧な文字で正確に事実等を記載し、記載したことについては、責任を持って明確に答えられるようにしておく必要がある。記載したことと答えたこととが異なるようなことがあってはならない。

＜質問例＞

・校長（副校長…）になろうとした動機は何ですか。
・どんな校長（副校長…）になりたいですか。
・あなたの教育信念は何ですか。
・これまでの教職経験の中で、最も教師になってよかったと思うことは何ですか。
・教師を辞めたいと思ったことはありませんか。
・どんなときに教師を辞めたいと思いましたか。それを思いとどめたのは何でしたか。
・前任校と現任校の違いは何ですか。
・前回合格しなかったのはどうしてだと思っていますか。
・昨年受験したときから、自分はどう変わったと思っていますか。
・今日の服務は何ですか。

2　現任校の実態から

　校長であれ、副校長、教頭であれ、組織のリーダーである以上、まずは、組織の実態、その強みや弱みを把握するところから学校経営が始まる。そうした実態を的確に把握する力をもっているかどうか、実態から課題を発見し、その解決に向けた決断力や行動力を有しているかどうか、面接を通してこれらの力量を推し量るための質問がなされる。

　そのために、現任校の実態（児童生徒数・教育目標や特色ある教育活動、教職員組織の実態、保護者、地域の状況など）や課題等を十分に把握しておく必要がある。

＜質問例＞
- あなたの学校の教育目標は何ですか。
- あなたの学校の学校規模（児童生徒数、学級数、教職員数等）を教えてください。
- あなたの学校運営上の最も大きな課題は何ですか。
- あなたが、現任校の校長だとしたら、その課題にどう取り組みますか。
- あなたの学校の昨年度の学校評価からみた課題は何でしたか。
- あなたの学校の教員の服務規律で、一番気になることは何ですか。
- あなたの学校で、学級経営がうまくいかず、授業が成立しないような学級がありますか。
- そうした教員にどう指導しますか。
- 現任校の教職員組織での課題は何ですか。
- あなたの学校の危機管理で、最も重点にしていることは何ですか。
- 現任校の勤務時間を教えてください。
- あなたの学校での金銭の扱いはどうなっていますか。

・保護者や地域の人々のあなたの学校に対する期待は何でしょう。
・これまでに学校に対する苦情やクレームが来たことがありますか。
・どう対応しましたか。

3 職務から

　なろうとしている職について、その職務内容を熟知し、職務を遂行する上での留意すべきこと等を十分理解しているかどうか、その職務をこなし、成果に期待がもてる資質、力量を有しているかどうか、面接官が面接を通して最も見極めたいことの一つである。

　そのために、そうした職にある、上司、先輩等の職務遂行や立ち居振る舞いを常に見て参考にするとともに、そうした場合、自分ならどうするかを考えて、その職の理想像を形成しておくことが大切である。

＜質問例＞
・あなたが理想とする校長（副校長、教頭）像を述べてください。
・校長（副校長、教頭、指導主事、主幹）の職務は何ですか。
・「校務をつかさどる」の「校務」とは何ですか。
・「所属職員を監督する」とはどうすることですか。
・「校長が変われば学校が変わる」と言われますが、これは、どういう意味ですか。
・あなたが校長として赴任したとき、まず、何をやってみたいですか。
・教頭（校長）と意見が異なった場合、あなたは、校長（教頭）としてどうしますか。
・あなたのこれまでの教職経験のなかで、モデルとなるような校長（副校長、教頭）がいましたか。それは、どんな校長（副校長、教頭）でしたか。

- あなたが赴任した学校の校長が、威圧的で教職員から信頼されていない場合、あなたは副校長（教頭）としてどうしますか。
- 副校長（教頭）の補佐機能について、具体的に説明してください。
- 教頭として常に気を配らなければならないことは何ですか。
- 副校長職（教頭職）を希望する人が少なくなっています。どうしてだと考えますか。
- 希望降任の管理職が増えてきつつあります。どうしてだと思いますか。
- 教頭職のどんなところが魅力的だと考えていますか。

4　学校の経営・管理の側面から

　学校は、学校教育目標の具現化を図る組織体である。その組織を統率し、自らの学校経営ビジョンの実現に向けて、リーダーシップを発揮する学校の最高責任者が校長である。その校長を補佐し、組織的、機動的な学校運営ができるよう、教職員をまとめ、その志気を高め、保護者等にも働きかけて一体感のある学校をつくりあげるのが副校長（教頭）の役目である。そうした学校経営を推し進めるにあたっては、基盤となる法令や条例、規則を熟知していること、課題が出てきた場合の対処の仕方の基礎・基本が身に付いていること、自らのビジョンに向かっての熱意や意欲、行動力、所属教職員の志気を高める人間力やコミュニケーション力が求められる。面接では、その最も必要とされる学校管理職としての資質・能力を有しているかどうかが見極められる。

＜質問例＞
- 校長として、どのような学校経営を目指しますか。

- 保護者、地域から信頼される学校づくりが求められています。あなたは、校長として、どのように取り組みますか。
- 学校は組織体です。あなたは、校長として、どのように組織をマネジメントしていきますか。その際、留意すべきことは何ですか。
- 校長の経営方針の周知理解に向けて教頭として教職員にどう働きかけますか。
- 校務分掌は、どのような法令で規定されていますか。
- あなたは、学校経営方針を、家庭、地域にどのように浸透させていきますか。
- 教職員の資質向上に向けてどう取り組む方針ですか。
- 教職員の服務の厳正について、どう取り組んできましたか。
- 分限処分と懲戒処分の違いは何ですか。
- 指導力不足教員にはどのように対応しますか。
- 子どもたちに向き合う時間の確保が求められています。その確保のために学校管理職としてやるべきことに何がありますか。
- 教職員のメンタルヘルスに向けてどう配慮していますか。
- 指導力不足を理由に、担任を変えてほしいと保護者から申し入れがありました。あなたはどうしますか。
- 学校評価の目的は何ですか。
- 学校評価を実施して、苦労したことがあったら述べてください。
- 学校の危機管理についてどう取り組んでいますか。
- 理科の実験中、顔にやけどを負うといった事故が発生したと担任から報告を受けました。報告を受けた教頭としての対応を述べなさい。
- 個人情報の扱いをどうしていますか。

5　学習指導

　児童生徒に「確かな学力」を身に付けさせることは、学校が学校とし

て存在する第一義である。学習指導要領改訂のこの時期、改めて、「生きる力」の育成をどう図るか、その要素としての「確かな学力」「豊かな心」「健やかな体」の育成に向けて学校管理職のリーダーシップが強く求められている。

＜質問例＞

・教育課程を編成する上で留意しなければならないことは何ですか。
・新学習指導要領改訂の基本方針は何ですか。
・今回の学習指導要領での主な教育内容の改善は何ですか。
・学力向上に向けて、現任校ではどのような取組みを行っていましたか。
・「確かな学力」とは何ですか。あなたの言葉で具体的に述べてください。
・「確かな学力」の育成に向けて、どう取り組んでいきますか。
・よい授業とはどんな授業をいいますか。
・教職員の授業力向上に向けてどう取り組みますか。
・「全国学力・学習状況調査」の結果はどうでしたか。また、それをどう活かすことができましたか。
・道徳教育の充実に向けてどう取り組んでいますか。
・子どもたちの体力、運動能力向上のためにどんな取組みを行っていますか。
・週案を提出しない教員はいませんか。なぜ、週案を提出しなければならないのですか。
・通知表の作成にあたって、教職員にどう指導・助言していますか。
・指導要録を作成するにあたり、留意すべきことは何ですか。そのことを教職員にどう指導・助言しますか。

6　児童生徒

　いじめ、不登校を始め、暴力行為等、児童生徒の問題行動は、依然として影を潜める様子はなく、学校が取り組まなければならない生徒指導上の課題は多い。また、社会体験等の不足から、公共心の欠如、規範意識の低下が問題視されており、児童生徒の豊かな心の育成が重要な課題となっている。

　児童生徒が、生き生きと明るく充実した生活を送ることができる学校づくりは、学校管理職が「確かな学力」の育成とともに、目指さなければならない中核となる職務である。

＜質問例＞
・子どもたちの心の教育の充実を図るためにどのような取組みを行ってきましたか。
・あなたの学校における生徒指導上の課題をあげてください。その解決に向けどう取り組んでいますか。
・規範意識が低下しているといわれています。このことについてどう考えますか。
・公共心の欠如が指摘されています。子どもたちの公共の精神を養うために何が必要だと思いますか。
・「しつけ」は家庭教育の役割であり、学校が取り組む問題ではないとする意見があります。このことについてどう思いますか。
・あなたの学校で、これまで「いじめ」問題はありましたか。どう対応しましたか。
・あなたの学校には、不登校の生徒が何人いますか。どう対応していますか。
・子どもたちに基本的生活習慣を身に付けさせるために、どのように

家庭に働きかけていますか。
・「食育」は、家庭の「私」に属することなので、学校として関わるべきことではないという声があります。このことについてのあなたの考えを述べてください。

Ⅲ 面接の実際

1 面接試験はなぜ行われるのか

　第2章でも述べたように、平成22年度の管理職試験で、全都道府県、政令指定都市66県市のうち、小論文や作文による筆記試験の実施が63県市、個人面接実施が60県市、集団面接実施が29県市という結果であった。論文とともに、これほどまでに面接選考が重視されているのは、面接試験で、筆答や論文等では見極めることができない、その人物の人となり、教養や識見の有無、職務に対する意欲や態度等といった人物的要素を見極めることができるからである。

　とりわけ、「教育は人である」と言われるように、人と人との関わりを通して、互いに育ち合い、高め合う学校にあって、その学校の責任者たる校長、それを補佐する副校長・教頭等の「人間力」は重要である。その「人間力」の中核をなすのが、コミュニケーション能力をはじめとする「言葉の力」であり、その「言葉の力」は、面接によってよりはっきりと評価することができるものである（言葉は、論理や思考といった知的活動とともにコミュニケーションや感性・情緒の基盤である）。

　例えば、校長として自らの経営ビジョンを策定し、所属職員に示し、所属職員の士気を高め、その具現化に向けてリーダーシップを発揮する、また、保護者、地域の人々の理解と協力を求める、あるいは、教頭とし

て、校長の学校経営方針の具現化に向けて所属教職員の調整を図り、まとめ、組織化する、といった、学校管理職としての重要な職務が遂行できるかどうかは、その人がもつコミュニケーション能力をはじめとする「言葉の力」の有無が大きく関与する。そして、そうした「言葉の力」＝人間力の見極めは、論文もさることながら、面と面との向かい合ってのコミュニケーション、すなわち口述試験である面接を通して判断することが最も有効な手立てと考えられるのである。

2　面接試験の実際

(1)　実施方法

　面接試験は、一人ひとりの受験者そのものをみる個人面接と、集団の中で、受験者がどのような位置を占め、他の受験者とどのように関わり合い、どのようなコミュニケーション能力を発揮するかをみる集団面接とがあるが、ここでは、個人面接を取り上げる。

　個人面接は、受験者1人に対して、3人程度の面接官が交互に質問する方法がとられ、時間は30分程度が一般的である。

(2)　面接の流れ

　事前に作成した面接票、身上書、抱負などを書いた自己申告書、あるいは、これまでの研究物等を当日面接官に提出し、その書類等に基づいて、本人確認（所属・氏名等）、現任校の規模（学級数、児童生徒数、教職員数等）の質問から始まるのが一般的である。

　時には、志望動機や抱負などを1分、2分と時間を限られて述べるよう指示される場合がある。時間内に話せるよう、いくつかのパターンを準備しておくようにしたい。

　導入的な質問の後、受験する職に沿って具体的な質問がなされる。

　例えば、これまでの教育活動における実績、教育課題への対応、組織としての取組み状況、管理職としてのリーダーシップ、職に対する使命

感、熱意等が尋ねられる。答えるにあたっては、これまで取り組んできたことを誠実に、具体的に答えるようにする。

　また、面接官のそれぞれには、質問し、見極めようとする事柄が通常決められている。よく、一人の面接官に次々と質問され、答えに窮し、落ち込んでしまうことがあるが、質問者が変わることで、質問内容が新たに変わると考え、前の面接者に対する自分の対応を引きずらないよう心がけたい。

3　面接試験に向けての準備

　面接試験は独特の雰囲気を持つものであり、受験者にとっては、大きな緊張感を強いられる。「あがらず、落ち着いて」と言われても、合否がかかっているともなれば、なかなか難しいものである。

　適度な緊張感を保ちつつ、十全とはいかないまでも自分の姿をしっかり見てもらい、自分の考えをできるだけわかってもらうためには、事前の準備を十分行い、面接試験への自信をつけておくことである。その事前準備として、次のようなことをしておきたい。

(1)　面接票等の提出書類に基づく想定質問と解答の作成

　面接試験で提出が求められている面接票や身上書等は、面接官にとって、受験者の教育信条や教職歴、人物像など、受験者を知る最も基本となるものである。したがって、その書類の記述にあたっては、誤字脱字なく、しっかりした文字で丁寧にわかりやすく書くことはもちろん、書くスペースが限られているので、正確に、言葉を選んで、自分の姿が表れるよう記述する必要がある。

　面接試験は、この提出書類をもとに質問されることが多いので、この提出書類をもとに、予想される質問と答えを考え、想定質問集を作っておくようにしたい。その際、上司からの助言を得るとともに、過去に面接試験を受けた折の、先輩たちの復元答案などを参考にするとよい。

そして、作成した想定質問をもとに、自分なりにシミュレーションをくり返して行うことが大切である。

(2) 面接模擬試験の実施

面接試験の独特の雰囲気、面接会場での立ち居振る舞い、面接官に対する受け答えなど、実際に面接を受けた経験がないものには、その緊張感と難しさは分からないものである。ぜひ、上司や先輩に、何度か、面接の模擬試験の実施をお願いし、評価、指導を受けて面接試験の雰囲気に慣れるようにしたいものである。

こうした模擬試験の中で、自分では気づかない話し方の癖、管理職試験受験者にふさわしくない言動などが指摘されたり、予想しなかった質問をされ、新たに調べておかなければならない事柄に気づかされたりするものであり、これらをくり返し、修正する中で、一定程度、自信をもって面接試験本番を迎えることができるものである。

4　面接試験を受けるにあたっての留意点

面接試験を受けるに際して留意すべきことは、以下の通りである。
(1) 当日提出が求められている面接票、身上書等を改めて読み直し、誤字脱字はないか、意味不明なところはないか、質問されて答えられないようなところはないか、自分のよさが表れているか、十分点検すること。
(2) 面接前日は早めに就寝し、体調を整えて面接に臨むこと。
(3) 指定された時刻までには到着できるよう余裕をもって学校等を出発し、出かける前には必ず上司に挨拶して出かけること。
(4) 面接会場に着き、面接が終了して会場を出るまで、すべて面接と心得、受付係への対応も含め、節度のある言動を行うこと。
(5) 服装、頭髪、化粧、靴など、学校管理職候補にふさわしい身だしなみを心がけ、面接官から爽やかな好印象を持たれるようにするこ

と。
(6) 面接室への出入りも評価の対象である。係の人の指示に従い、礼儀正しく適切な立ち居振る舞いをすること。
(7) 面接官との受け答えにあたって、次のことに留意すること。
　① 質問に正対して答えること。
　　質問内容をしっかりと受け止めて、問われていることを的確につかみ、質問されたことについて、自分の考えや思いを端的に答えること。
　　質問内容がわからなかったら、「申し訳ありません。もう一度お願いします」と問い返すようにし、わからないままずるずると答えるようなことがあってはならない。
　② 目線を合わせ、誠実に受け答えをすること。
　　質問している面接官の方に体を向け、頷きながら聞くなど、真剣に話を聞き、答える場合は、面接官に目線を合わせ、しっかり聞いてもらえるよう、ゆっくりと簡潔に自分の考えを述べるようにする。
　③ 自分の言葉で話すこと。
　　いかによいことを述べても、その言葉に真実味がなければ相手には通じない。真実味があるとは、その人なりの言葉で、体験等の事実に裏付けられた具体的な内容を述べることである。その人となりが分かる自分なりの言葉で、自分を表現するようにしたい。
　④ 答えは簡潔に、指定された時間内に答えること。
　　「1分以内で話してください」とか、「簡潔に述べてください」と面接官に指定されることがある。その場合には、その時間内に収まるよう話すことが重要である。「簡潔に」と言われているのに、尋ねられてもいないことを話すというのは評価を下げることになる。

【著者紹介】

西村佐二（にしむら・すけじ）

1944年生まれ。東京都教育庁指導部初等教育指導課長、目黒区立東山小学校校長を経て、目黒区立中目黒小学校校長を2004年定年退職。この間、東京都公立小学校校長会長、全国小学校国語教育研究会長、全国連合小学校長会長、中央教育審議会初等中等教育分科会、スポーツ・青少年分科会各臨時委員を務める。現在、聖徳大学教授。主な編著書は、『新教育課程をわかりやすく読む』『講話あいさつ事典　小学校編・中学校編』『教育管理職試験の全課題〈新訂版〉』（ぎょうせい）など。

校長教頭試験・超研究

合格できる論文術

2011年4月25日　初版発行
2015年6月15日　6版発行

　　　　著　者　西村佐二
　　　　発行所　株式会社ぎょうせい

　　　　〒136-8575　東京都江東区新木場1-18-11
　　　　　　　　　　電話番号／編集03-6892-6508
　　　　　　　　　　　　　　／営業03-6892-6666
　　　　　　　　　　フリーコール／0120-953-431
　　　　　　　　　　URL　http://gyosei.jp

〈検印省略〉

印刷　ぎょうせいデジタル株式会社
乱丁・落丁本は、送料小社負担にてお取り替えいたします。
©2011 Printed in Japan　禁無断転載・複製
ISBN978-4-324-09274-3（5107743-00-000）［略号：校長試験超研究］

いま管理職に求められるのは、
危機対応ではなくコンプライアンス意識!

管理職のための
スクール・コンプライアンス

【ここが問われる**学校の法的責任**】

菱村幸彦【著】　A5判・定価（本体1,524円＋税）

■**教師の喫緊課題「コンプライアンス」をわかりやすく!**
不祥事等で懲戒処分になった教職員は、訓告・諭旨を含めると毎年4000人前後、監督責任による処分は1000人弱――。いま学校現場で求められるコンプライアンスについて、日常的な取組みの視点や方策をわかりやすく解説しています。

■**国の教員研修センター講師による信頼の解説!**
独立行政法人教員研修センターでは、校長・教頭等に必要な4領域の一つに「スクール・コンプライアンス」を位置づけ、啓発や実際的な問題への対応に取り組んでいます。著者は、教員研修センターでもスクール・コンプライアンスの講座を手がける菱村幸彦氏! 信頼性は抜群です。

■**ケーススタディで管理職試験にも対応!**
本書は、実際の事件や判例を交えた解説本となっており、事例をもとに解答を求める傾向がある管理職試験対策にもお勧めです。

緊急連絡網は個人情報保護法に触れる?
携帯電話、預かり中の基本料金を払えと言われたら―?
あらゆる疑問に、法的根拠を!

主要目次
- 第Ⅰ章　学校経営とスクール・コンプライアンス
- 第Ⅱ章　教員不祥事のコンプライアンス・チェック
- 第Ⅲ章　授業と行事をめぐるコンプライアンス
- 第Ⅳ章　コンプライアンスからみた生徒指導
- 第Ⅴ章　事例にみるコンプライアンス

School compliance

お近くの書店または弊社までご注文ください。

株式会社ぎょうせい
〒136-8575　東京都江東区新木場1丁目18-11

フリーコール　TEL：0120-953-431　[平日9～17時]
　　　　　　　FAX：0120-953-495　[24時間受付]
Web　http://gyosei.jp　[HPからも販売口]